# Der Zar in Russland regiert als Alleinherrscher

Das Bild zeigt den russischen Kaiser Zar Nikolaus II.

Er lebte zu Beginn unseres Jahrhunderts. Er verfügte über alle Macht im Staat. Er regierte sein Reich ohne Parlament.

Sein Ausspruch zeigt, wie er sein Amt sah.

> Der Zar sagte von sich selbst: „Gott hat mich zum Herrscher bestimmt. Ich bin sein Stellvertreter auf Erden. Wer mir nicht gehorcht, versündigt sich gegen Gott und muss streng bestraft werden." △1

Der Zar herrschte ungerecht und grausam. Wer Kritik übte oder nur auf Missstände aufmerksam machte, wurde verhaftet, nach Sibirien in die Verbannung geschickt, gefoltert, getötet.

In Russland war erst im Jahr 1860 die Leibeigenschaft der Bauern aufgehoben worden. Das Schaubild zeigt, wie sich die Bevölkerung damals zusammensetzte.

① Lies die Prozentzahlen ab und berechne die Bevölkerungszahl.

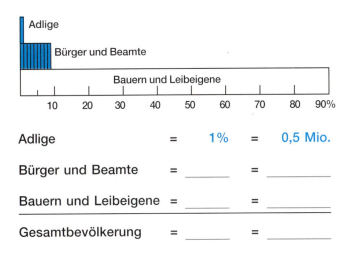

| | | | |
|---|---|---|---|
| Adlige | = | 1% | = 0,5 Mio. |
| Bürger und Beamte | = | ___ | = ___ |
| Bauern und Leibeigene | = | ___ | = ___ |
| Gesamtbevölkerung | = | ___ | = ___ |

Die Bauern waren rückständig und unwissend. Sie konnten weder lesen noch schreiben. Trotz der Befreiung aus der Leibeigenschaft ging es ihnen sehr schlecht. Sie arbeiteten weiter für den adligen Grundherrn. Sie hatten nur wenig und schlechtes Land als Eigentum bekommen. Dafür mussten sie an den Staat zahlen. Der brauchte das Geld um die Industrie aufzubauen.

Die **Industrialisierung** Russlands schritt schnell voran.

Von 1880 - 1900 steigerte sich die
Roheisenproduktion      um das    7fache
Steinkohlenförderung    um das    9fache
Ölgewinnung             um das    40fache.

② Vervollständige mit Hilfe dieser Zahlen das Schaubild.

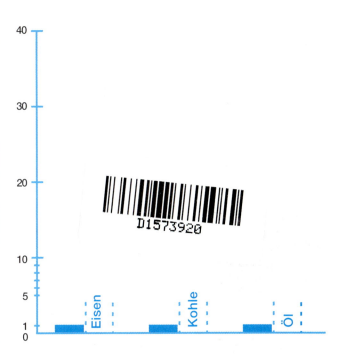

Ein großer Teil der Landbevölkerung zog vom Land in die Stadt. Wenn du an die vielen neuen Bergwerke und Fabriken denkst, kannst du dir sicher vorstellen, mit welchen Hoffnungen sie dorthin zogen.

③ Schreibe dazu einige Sätze.

_____
_____
_____
_____

Die Industriearbeiter bekamen nur wenig Lohn. Es entstand eine neue besitzlose Arbeiterklasse (das Proletariat). Sie wurde immer größer.

Bis 1900 war die Bevölkerung Russlands auf ungefähr 125 Millionen angewachsen.

④ Vergleiche mit der nebenstehenden Zahl von 1860.

_____

# In Russland herrscht schreckliche Armut

Die Hoffnung der Menschen auf ein besseres Leben in der Stadt erfüllte sich nicht. Das Bild zeigt Bedingungen, unter denen dort viele leben mussten. ① Schreibe dazu einige Sätze.

_____
_____
_____
_____

In vielen Fabriken waren mehr als ein Drittel der Belegschaft Kinder.

② Diskutiert über die Folgen von Kinderarbeit. In der Bundesrepublik Deutschland gibt es ein besonderes Gesetz, das Kinder und Jugendliche vor den Folgen zu früher und zu schwerer Arbeit schützen soll.

③ Auf dem Ausschneidebogen findest du einige wichtige Punkte aus dem **Jugendarbeitsschutzgesetz**. Klebe sie hier ein.

Die Zustände in Stadt und Land waren schrecklich. Auch Menschen aus dem Adel und dem Bürgertum lehnten sich auf. Sie stellten sich auf die Seite der unterdrückten Bauern und Arbeiter.

Immer mehr Menschen wurden in dieser Zeit vom Zaren gefangen genommen und nach Sibirien geschickt, weil sie sich gegen

**Bevormundung,
Unterdrückung,
Ausbeutung** auflehnten.

Trotz brutaler Polizeimaßnahmen kam es immer wieder zu Aufständen. Das nebenstehende Flugblatt aus dem Jahr 1900 sollte den Bauern und Arbeitern deutlich machen, wie sehr sie ausgebeutet wurden. Es sollte sie zum Widerstand aufrufen.

④ Auf dem Ausschneidebogen findest du Erklärungen zu den einzelnen Stufen der Pyramide. Ordne sie den Stufen zu.

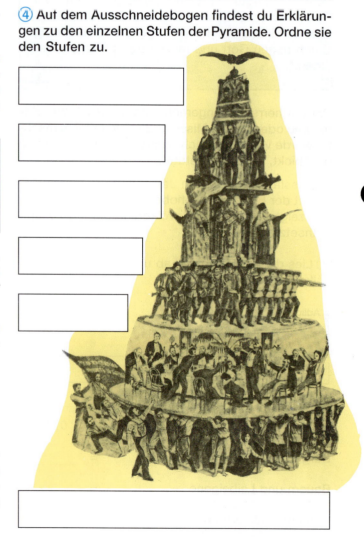

# Der „blutige Sonntag"

In Russland entstand eine revolutionäre Bewegung. Das hast du auf der vorigen Seite erfahren.

Die Menschen wollten die herrschende Gesellschaftsordnung umgestalten. Viele von ihnen wollten die Umgestaltung durch einen gewaltsamen Umsturz (Revolution) herbeiführen.

1904 brach zwischen Russland und Japan ein Krieg aus. Die Not der Bevölkerung wurde noch größer.

Petersburg war damals die Hauptstadt des Zarenreiches.

① Suche die Stadt im Atlas.

An einem Sonntag im Januar 1905 zogen in Petersburg 140 000 friedliche Bürger zum Palast des Zaren. Kinder, Frauen und Männer trugen Fahnen, Heiligenbilder und Bilder des Zaren. Sie sangen Kirchenlieder. An der Spitze des Zuges ging ein Priester. Dem Zaren sollte eine Bittschrift überreicht werden. Der Zar ließ auf die Demonstranten schießen. Tausende wurden getötet, Hunderttausende verletzt. Ein **blutiger Sonntag**!

② Auf dem Ausschneidebogen findest du einige der Forderungen, die auf der Bittschrift standen. Klebe sie hier ein.

③ Ordne die Forderungen nach folgenden Gesichtspunkten:

1. Wirtschaftliche Verbesserungen:

2. Politische Rechte:

Dieses schreckliche Ereignis und Meldungen von immer neuen Niederlagen im Krieg gegen Japan verursachten weitere Unruhen unter der Bevölkerung. Es kam zu **Protesten bei Studenten und Lehrern, Aufständen unter den Bauern, Streiks bei den Arbeitern, Meuterei bei den Matrosen.**

Der Krieg war verloren. Die Arbeiter streikten und legten die Wirtschaft und den Verkehr lahm. In dieser schwierigen Situation war der Zar zu Zugeständnissen bereit. Er versprach den Bürgern mehr Freiheiten. Er ließ ein Parlament, die **Duma**, wählen. Er versprach auch Gewerkschaften zuzulassen.

Die Zugeständnisse des Zaren versöhnten einen Teil der Bürger. Für viele Arbeiter kamen sie aber zu spät. In Petersburg hatten die Arbeiter eigene „Räte" **(=Sowjets)** gebildet. Sie wollten die Herrschaft übernehmen. Sie riefen zum bewaffneten Widerstand auf.

Viele Bürger bekamen Angst vor der Macht der Arbeiter. Sie stellten sich jetzt auch auf die Seite des Zaren. So wurde die Macht des Zaren wieder gestärkt. Mithilfe seiner Soldaten schlug er die Revolution grausam nieder.

Über die Meuterei der Matrosen des Panzerkreuzers Potemkin wurde schon 1925 ein Film gedreht. Den haben viele Menschen auf der ganzen Welt gesehen und so von den schrecklichen Ereignissen im Sommer 1905 erfahren.

④ Auf dem Ausschneidebogen findest du einen Text dazu. Klebe ihn hier ein.

# Februar 1917: Eine neue Regierung wird eingesetzt

Der bekannteste Führer der Revolution war Lenin. Er schrieb die „Lehren zur Revolution", die er 1910 veröffentlichte.

① Lies die folgenden Ausschnitte daraus.

> „Die Arbeiter der Fabriken haben am entschlossensten gekämpft, indem sie sich zum bewaffneten Aufstand erhoben, zur Verteidigung der Bauern, die niedergeschossen, misshandelt und gefoltert wurden."
>
> „Auch die Bauern sind in den Kampf gegen die Gutsbesitzer und die Regierung getreten, aber ihr Kampf war schwächer. Von den Industriearbeitern haben 3/5 an Kampf und Streiks teilgenommen, von den Bauern dagegen bestimmt nicht mehr als 1/5 oder 1/4."
>
> „An der Revolution hat auch das Bürgertum teilgenommen, d.h. die liberalen (=freiheitlich gesinnten) Gutsbesitzer, Fabrikanten, Rechtsanwälte, Professoren usw. Sie versprachen auf „friedlichem Weg" die Freiheit zu erlangen. Als die Revolution bis zu dem entscheidenden Kampf gegen den Zaren gediehen war, da haben sie die Freiheit des Volkes gemein verraten und sind vom Kampf abgeschwenkt."

② Wer hat nach Ansicht Lenins am entschlossensten gekämpft?

Wie groß war der Anteil der Bauern im Kampf gegen die Regierung?

Wer gehörte zum Bürgertum?

Was hielt Lenin von den Methoden des Bürgertums?

Lenin war der Anführer einer Gruppe, die sich Bolschewisten nannte. Weil er vom Zaren verfolgt wurde, musste er viele Jahre im Ausland leben.
1914 brach in Europa der 1. Weltkrieg aus. Die Folgen des Krieges waren schrecklich. Viele Millionen Russen starben an der Front oder verhungerten in den Städten. Die anfängliche Begeisterung für den Krieg ließ bald nach. Die Arbeiterführer riefen zum Widerstand gegen den Zaren auf. Sie gewannen immer mehr an Einfluss.
**Im Februar 1917** kam es in Petersburg zu einer Demonstration.

③ Betrachte das Bild. Die Demonstranten forderten nicht nur wirtschaftliche Verbesserungen, sondern auch politische Veränderungen. Welche Plakate machen das deutlich?

Die ehemalige Duma setzte eine neue Regierung ein. Überall im Land bildeten sich Arbeiter- und Soldatenräte. Die kontrollierten die neue Regierung. Im April 1917 kam Lenin nach Russland zurück. Viele tausend Arbeiter begrüßten ihn bei seiner Ankunft auf dem Petersburger Bahnhof. Lenin wandte sich in seiner Begrüßungsansprache in leidenschaftlichen Worten an die Arbeiter in aller Welt. Sie sollten die Waffen nicht mehr gegen sich, sondern gegen ihre Ausbeuter richten. Er schloss seine Rede mit den Worten: „Es lebe die sozialistische Weltrevolution." Was er damit meinte, wird auf der folgenden Seite erklärt.

# Oktober 1917: Die Bolschewisten übernehmen die Regierung

In Russland standen sich jetzt zwei Gruppen gegenüber, die unterschiedliche politische Ziele hatten.

| gemäßigte Richtung | radikale Richtung (Bolschewisten) |
|---|---|
| - Fortsetzung des Krieges -<br>- Parlamentarische Demokratie -<br>- soziale Reformen und Verbesserungen nach Beendigung des Krieges -<br>- Persönliche Freiheiten - | - sofortige Beendigung des Krieges -<br>- Regierung durch eine Einheitspartei -<br>- Enteignung des Großgrundbesitzes und Verstaatlichung des Bodens -<br>- alle sollen sich den Sowjets unterordnen - |

An einem Abend Anfang Oktober 1917 verschwanden mehrere seltsam und schäbig aussehende Männer in einer Wohnung in Petersburg zu einer geheimen Zusammenkunft. Unter ihnen war **Lenin**, der Führer der bolschewistischen Arbeiterpartei Russlands. Er war 47 Jahre alt, verhältnismäßig klein und kahlköpfig. Er hatte kleine Augen und hohe Backenknochen. Damit er nicht erkannt wurde, trug er eine Perücke. Seinen Bart hatte er abrasiert.
Unter den Männern war auch Leo **Trotzki**. Er war ziemlich groß, trug einen buschigen Haarschopf und einen Spitzbart. Trotzki musste eine Brille tragen. **Stalin** war sehr klein. Er hatte ein pockennarbiges Gesicht. Seine Oberlippe zierte ein dichter Schnurrbart.

Lenin hatte die Männer zusammengerufen. Er wollte ihnen klarmachen: die Zeit ist gekommen die neue Regierung wieder abzusetzen und die Macht selbst zu übernehmen. Zehn Stunden dauerte die Debatte. Dann hatte Lenin auch die überzeugt, die vorher anderer Meinung waren als er. Jetzt wurden die Vorbereitungen getroffen. In 14 Tagen wollten sie die Regierung übernehmen. Russland und schließlich die ganze Welt sollten **eine sozialistische Gesellschaftsordnung** bekommen.

Der Sozialismus ist eine Bewegung, die Gleichheit und Gerechtigkeit für alle Menschen fordert. Es entstanden unterschiedliche Lehren vom Sozialismus. Lenin glaubte ihn nur durch gewaltsamen Umsturz und Umwandlung allen Privateigentums in Gemeineigentum (Eigentum des Staates) durchsetzen zu können.

Lenin und seine Genossen setzten alles daran an die Macht zu kommen. Sie waren nicht bereit Kompromisse mit den Gemäßigten zu schließen. In der Nacht vom 24. auf den 25. Oktober, genau 14 Tage nach ihrer geheimen Zusammenkunft, stürmten die Bolschewisten unter der Führung Trotzkis den Palast, in dem die neue Regierung saß. Sie verhafteten alle Minister. Alle wichtigen Ämter wurden von Bolschewisten besetzt. Sie hatten die Regierung übernommen.
Die neue bolschewistische Regierung nannte sich **Rat der Volksbeauftragten**. An ihrer Spitze stand Lenin. Sie ergriff sofort einschneidende Maßnahmen.

① Auf dem Ausschneidebogen findest du einige dieser Maßnahmen. Klebe sie hier ein.

② Beantworte nun folgende Frage:
Wie kam Lenin an die Macht?

③ Wie ist bei uns ein Regierungswechsel möglich? Lies dazu Art. 63 und 64 des GG.

④ Setze mithilfe der Personenbeschreibungen die Namen über die Fotos unten auf der Seite.

⑤ Du kannst im Lexikon weitere Informationen über die Männer Lenin, Trotzki und Stalin erfahren. Sie haben einen großen Einfluss auf die weitere Entwicklung der russischen Revolution gehabt.

 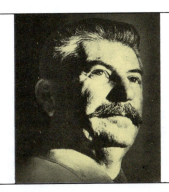 

# Lenins Politik führt in den Bürgerkrieg

Im November 1917 fanden in Russland Wahlen statt. Lenin glaubte, dass die meisten Menschen für seine Idee vom neuen Russland stimmen würden. Er hatte sich geirrt. Von 36 Mio. Wählern gaben nur 9 Mio. ihre Stimme den Bolschewisten.

① Male den Stimmenanteil der Bolschewisten farbig aus.

② Rechne aus, wie viel Prozent der Wähler für Lenin stimmten.

③ Stelle ihren Stimmenanteil auch als Kreisausschnitt dar.

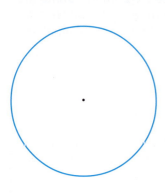

Die Bolschewisten waren nicht bereit die Regierungsgewalt wieder abzugeben. Sie setzten alles daran an der Macht zu bleiben. Zeitungen wurden verboten. Die neue Polizei, **die Tscheka**, verhaftete, folterte, erpresste Geständnisse, schickte in die Verbannung und ließ einfach alle verschwinden, die sich gegen die Regierung stellten.

Wie die Geheimpolizei ihre Aufgabe sah, verdeutlicht der folgende Ausspruch:

> „Jeder Geheimpolizist ist verpflichtet alles zu tun um den Gegner zu vernichten, selbst auf die Gefahr hin, dass dabei auch Unschuldige getötet werden." △3

④ Diskutiert den Ausspruch mit eurem Lehrer. Denkt an den Rechtsanspruch, der in der Bundesrepublik Gültigkeit hat: „Im Zweifelsfall für den Angeklagten."

> „Im Dienst der Revolution ist **alles** erlaubt. Gegner des Sozialismus müssen notfalls mit Gewalt unterdrückt werden." △4

⑤ Vergleicht diesen Ausspruch Lenins mit Art. 2.2 unseres Grundgesetzes.

Viele Bürger waren empört, dass die kleine Gruppe der Bolschewisten alle Macht an sich riss. Sie erhoben sich gegen Lenin. Es kam zum **Bürgerkrieg**. Ausländische Truppen unterstützten die Gegner Lenins. Aber die Soldaten der Bolschewisten, die **Rote Armee**, siegte schließlich.

⑥ Auf dem Ausschneidebogen findest du einen Text, der Gründe für den Sieg der Roten Armee und die Niederlage der Weißen Armee angibt. Klebe ihn hier ein.

Der Bürgerkrieg hatte schlimme Folgen. Die Wirtschaft brach fast zusammen. Es konnte nichts mehr transportiert werden. Die meisten Eisenbahnlinien waren zerstört.

⑦ Vervollständige mithilfe der folgenden Zahlen die Säulen. Sie verdeutlichen den Rückgang der Wirtschaft.

|  | 1914 | 1920 |
|---|---|---|
| Kohleförderung | ca. 32 Mio. t | 8 Mio. t |
| Roheisen | ca. 4 Mio. t | 0,1 Mio. t |
| Stahl | ca. 4 Mio. t | 0,2 Mio. t |

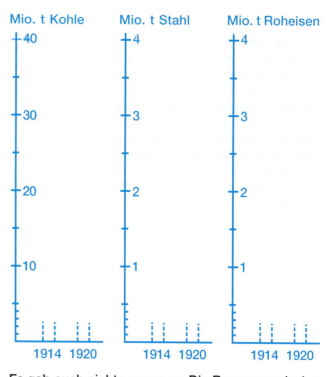

Es gab auch nichts zu essen. Die Bauern produzierten nur für sich selbst. Da es keine Waren gab, konnten sie für ihre Produkte ja nichts bekommen. Und ohne irgendetwas zu bekommen, wollten sie auch nicht liefern. Lenin ließ bewaffnete Kommandos aufs Land schicken um Brot zu beschaffen. Sie hatten wenig Erfolg. Missernten verstärkten noch die Hungersnot. In der Hoffnung sich auf dem Land etwas zu essen beschaffen zu können zogen die Arbeiter jetzt massenweise aufs Land. In Leningrad lebten im Vergleich zu 1916 noch knapp halb so viele Menschen, in Moskau nur noch ein Drittel.

# Lenin ändert seine Politik

1921 kam es wieder zu Aufständen und Streiks. Wieder unterstützten Matrosen die streikenden Arbeiter (vergl. S. 3). Die Kronstädter Matrosen galten als Elite (= führende Gruppe) der Roten Armee.

① Suche im Atlas die Städte Odessa und Kronstadt.

Odessa liegt _____

Kronstadt liegt _____

Mit den hungernden Arbeitern aus Petersburg forderten die Kronstädter Matrosen:
- Neuwahlen (Zulassung mehrerer Parteien)
- Rede- und Pressefreiheit
- Versammlungsfreiheit

② Diskutiert über die Forderungen nach mehr Demokratie.

Die Aufständischen wandten sich gegen die Alleinherrschaft der Bolschewisten.

③ Worin unterscheiden sich die Forderungen der Kronstädter Matrosen von denen der demonstrierenden Arbeiter im Februar 1917? Lies dazu noch einmal S. 4.

Lenin warf den Matrosen vor die Ziele der Revolution verraten zu haben. Mit brutaler Gewalt ging er gegen sie vor. Von den 15 000 Matrosen sollen nicht einmal 200 überlebt haben. Wie viele Tote es gegeben hat, ist nicht mit Bestimmtheit zu sagen. Aber der Bericht eines Augenzeugen sagt genug.

> „Ich bin 5 Jahre im Krieg gewesen, aber ich kann mich nicht an ein derartiges Gemetzel erinnern. Es war keine Schlacht mehr, es war die Hölle." △5

Schon einen Monat nach dem **Kronstädter Aufstand** gab Lenin bekannt, dass er seine Wirtschaftspolitik ändern wolle. Er hatte erkannt, dass nur eine völlige Veränderung zum Erfolg führen konnte. Der Erfolg trat auch bald ein. Den Menschen ging es besser.

④ Auf dem Ausschneidebogen findest du Richtlinien der **neuen ökonomischen Politik**, kurz NEP genannt. Klebe sie hier ein.

⑤ Beantworte folgende Fragen:
1. Welche Gründe veranlassten Lenin seine Wirtschaftspolitik zu ändern?
2. Welche Maßnahmen ergriff er um die Wirtschaft wieder anzukurbeln?
3. Welche Folgen hatte die Änderung der Wirtschaftspolitik für die Bevölkerung?

Im Januar 1924 starb Lenin. Er war schon länger krank gewesen und machte sich Sorgen um seinen Nachfolger.

⑥ Lies die Auszüge aus seinem „Testament", das er ein Jahr vor seinem Tod schrieb.

> Genosse Stalin hat eine unermessliche Macht in seinen Händen und ich bin nicht überzeugt, dass er es verstehen wird von dieser Macht vorsichtig Gebrauch zu machen.
> Andererseits zeichnet sich Genosse Trotzki durch hervorragende Fähigkeiten aus. Persönlich ist er wohl der fähigste Mann, aber auch ein Mensch, der ein Übermaß an Selbstbewusstsein hat.
> Diese 2 Eigenschaften zweier hervorragender Führer kann zu einer Spaltung führen, wenn unsere Partei nicht Maßnahmen ergreift das zu verhindern. △6

⑦ Was befürchtet Lenin? _____

⑧ Wen hält er für den fähigeren Mann, Stalin oder Trotzki? _____

Wie sehr Lenin Stalin ablehnte, wird im Nachwort zu seinem Testament deutlich.

> Stalin ist zu grob, und dieser Fehler kann nicht geduldet werden. Deshalb schlage ich den Genossen vor sich zu überlegen, wie man Stalin ablösen könnte und jemand anderen an die Stelle setzen, der toleranter (= nachsichtiger), loyaler (= treuer), höflicher, aufmerksamer, weniger launenhaft usw. ist. △7

⑨ Unterstreiche die Eigenschaften, die ihn nach Ansicht Lenins unfähig machen die Führung zu übernehmen, rot. Unterstreiche die Eigenschaften, die Lenins Nachfolger haben sollte, blau. Trotz der Warnungen Lenins wurde Stalin zu seinem Nachfolger gewählt. Stalin besaß viele Ämter und dadurch viel Einfluss. Auch die Staatspolizei hatte er unter seinen Einfluss gebracht. Vor allem mit ihrer Hilfe konnte er sich durchsetzen.

Trotzki floh ins Ausland. Er wurde später ermordet.

# Die UdSSR (Union der Sozialistischen Sowjetrepubliken) unter Stalin

Nachdem Stalin die Macht übernommen hatte, ließ er die Partei „säubern". Alle, die eine andere Meinung hatten als er, wurden aus der Partei ausgeschlossen. Bald lag die Macht nicht mehr bei einer Partei, sondern in den Händen eines Mannes, STALINS.

Er wurde ein schrecklicher Diktator. Er regierte mit unvorstellbarer Grausamkeit. Niemand war vor ihm sicher, ob Arbeiter oder Bauer, hohes Parteimitglied oder Offizier. Alle, die ihm bei der Durchsetzung seiner Ziele hinderlich waren, wurden verhaftet, durch Folter zu Geständnissen erpresst, in Arbeitslager geschickt oder hingerichtet.

Jetzt werden die Verurteilten rehabilitiert, d.h. es wird öffentlich erklärt, dass ihnen damals Unrecht geschehen ist. Ihr guter Ruf wird wieder hergestellt.

Stalins oberstes Ziel war der Ausbau der Industrie.

Im Jahr 1937 wurden 17 führende Parteimitglieder angeklagt, verurteilt, hingerichtet!

> „Wir sind gegenüber den modernen Staaten um hundert Jahre zurück, das müssen wir in zehn Jahren aufholen", sagte er. ⑧

In 5-Jahres-Plänen wurde jetzt vom Staat genau festgelegt, was und wie viel jeder Industriezweig produzieren musste.

Stalins besonderes Interesse galt dem Aufbau der Schwerindustrie (Stahl, Maschinen, Rüstung). Immer neue Industriegebiete wurden im Ural und in Sibirien erschlossen. Dazu brauchte man:
Rohstoffe - Energie - Arbeitskräfte - Verkehrswege.

① Klebe die Textkärtchen in die entsprechenden Felder. Lies sie aufmerksam durch.

| Rohstoffe | Energie | Verkehrswege | Arbeitskräfte |
|---|---|---|---|
|  |  |  |  |

② Löse das Silbenrätsel: Si - bahn - ser - la - bi - kraft - Ar - Ei - ri - Was - beits - en - ger - sen

① In welchem Teil der ehemaligen UdSSR gibt es besonders viele Bodenschätze?
② Welcher Energiequelle kommt in Sibirien besondere Bedeutung zu?
③ Woher bekam Stalin viele Arbeitskräfte?
④ Welches Verkehrs- und Transportmittel war besonders wichtig?

① _____
② _____
③ _____
④ _____

Stalin wollte den Sozialismus (vergl. S. 5) zunächst in der UdSSR durchsetzen. Trotzki dagegen hatte gelehrt, dass der Sozialismus nur dann aufgebaut werden könnte, wenn sich auch die Arbeiter der anderen europäischen Länder anschlössen.

Unter Lenin hatten die Bauern einige Freiheiten wiederbekommen. Stalin nahm sie ihnen jetzt wieder. Die Bauernhöfe wurden zusammengelegt und gemeinsam bewirtschaftet (Kolchosen). Er glaubte, nur auf modernen Großbetrieben könnten genug Nahrungsmittel für die wachsende Bevölkerung produziert werden. Wer der Enteignung nicht freiwillig zustimmte, wurde ermordet oder in ein Arbeitslager verschleppt. Die Schulpflicht wurde eingeführt. Universitäten und technische Hochschulen gebaut. Zur Entwicklung der Industrie brauchte Russland gut ausgebildete Fachkräfte.

Heute gibt es die UdSSR nicht mehr. Das riesige Reich ist zerfallen.

③ Lies dazu Seite 81.

Den Menschen in der ehemaligen UdSSR geht es sehr schlecht. In dieser Zeit des Umbruchs sind sie auf die Hilfe anderer Staaten angewiesen.

④ Wie viele Jahre dauerte die Herrschaft der KPdSU? Siehe S. 6 und S. 81.

# Das deutsche Kaiserreich ist am Ende

Die Verknappung der Rohstoffe und Lebensmittel wurde in Deutschland immer größer. Deutschland konnte den Krieg gegen fast alle Nationen nicht gewinnen. Trotzdem sollte im Oktober 1918 die deutsche Flotte gegen England auslaufen. Die Matrosen weigerten sich und hissten auf den Schiffen rote Fahnen. Gemeinsam mit den Werftarbeitern rissen sie zuerst in Kiel die Gewalt an sich und gaben so das Signal zur Revolution* (Umwälzung). Die Unruhen pflanzten sich schnell fort. Bald bildeten sich in ganz Deutschland Arbeiter- und Soldatenräte nach sowjetischem Vorbild. Am **9. November 1918** wurde in Berlin der Generalstreik ausgerufen. Alle Arbeiter verließen ihre Betriebe und demonstrierten mit den Soldaten gegen den Krieg und gegen den Kaiser. Vom Balkon des Berliner Schlosses hielt der Linksradikale Karl Liebknecht eine Rede, in der er u.a. ausrief: „Der Tag der Revolution ist gekommen... In dieser Stunde proklamieren wir die freie sozialistische Republik Deutschlands...". Vom Fenster des Reichstagsgebäudes rief der Sozialdemokrat Phillip Scheidemann in seiner Ansprache den Menschenmassen zu: „Das Alte und Morsche ist zerbrochen. Es lebe das Neue! Es lebe die Republik!"

\* Revolution = (siehe S. 3)

Menschenschlangen vor einem Lebensmittelgeschäft

Arbeiter und Matrosen demonstrieren mit roter Fahne am 9. 11. 1918 für eine „Sozialistische Republik"

① Vergleiche das Kräfteverhältnis der Mittelmächte mit dem der Alliierten (Säulen im Schaubild).

② Was sagt dir die Karte über die Verbündeten der Alliierten? (Nimm den Atlas zu Hilfe.)

③ Warum konnte Deutschland mit seinen Verbündeten den 1. Weltkrieg nicht gewinnen?

④ Welche Auswirkungen hatte der Generalstreik vom 9. November 1918 in Berlin für die Entwicklung in Deutschland?

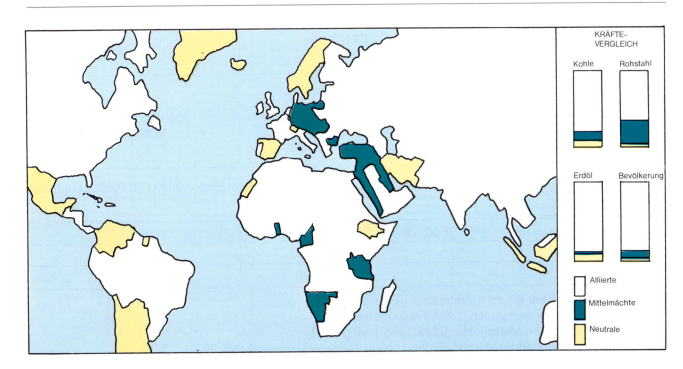

# Ein Mann aus dem Volk wird Reichspräsident

Am 9. November 1918 verkündete der letzte kaiserliche Reichskanzler Prinz Max von Baden ohne Einwilligung des Kaisers dessen Rücktritt. Er übertrug sein Amt dem Vorsitzenden der SPD, Friedrich Ebert. Damit brach auch die Herrschaft der 22 deutschen Fürsten zusammen. Friedrich Ebert bildete den Rat der Volksbeauftragten, der zunächst die Regierung ausübte. In vielen Städten hatten sich Arbeiter- und Soldatenräte gebildet. Sie übernahmen zeitweise die politische Führung. Sie wollten die gesamte Macht im Staat **gewaltsam** erobern und einen Rätestaat nach russischem Muster errichten. Friedrich Ebert und seine Anhänger wollten **friedlich** einen demokratischen Staat, eine Republik, schaffen. Mithilfe der Mehrheit der Vertreter der Arbeiter- und Soldatenräte kam es am 19. 1. 1919 zur Wahl einer Nationalversammlung. Aus den Vertretern der SPD, des Zentrums und der Deutschen Demokratischen Partei wurde in Weimar eine demokratische Regierung gebildet. Ebert wurde zum 1. deutschen Reichspräsidenten gewählt. Damit war der Kaiser „von Gottes Gnaden" von einem gewählten Präsidenten aus dem Arbeiterstand abgelöst worden. Erstmalig kam es zur Mitwirkung der Arbeiterparteien an einer deutschen Regierung.

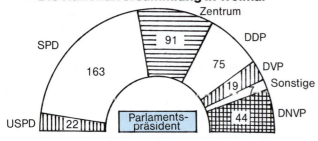

Sitzverteilung in der „Nationalversammlung" 1919: SPD, Zentrum und DDP bilden die „Weimarer Koalition"

① Unterstreiche im Zeitungsausschnitt die Stellen, die über die Abdankung des Kaisers berichten.

② Male die Anteile der „Weimarer Koalition" farbig aus.

Die Parteien der „Weimarer Koalition" erhielten 23 Mio., die anderen Parteien 6 1/4 Mio. Stimmen. Die politische Richtung einer Partei kommt auch in der **Sitzordnung** im Parlament sichtbar zum Ausdruck. Vom Parlamentspräsidenten aus gesehen finden die konservativen Abgeordneten (die „Rechten") rechts, die Sozialisten (die „Linken") links und die Gemäßigten (die „Mitte") in der Mitte ihren Platz.

③ Textkärtchen auf dem Ausschneideblatt charakterisieren dir die Parteien. Schneide die Kärtchen aus und klebe sie richtig ein.

| Unabhängige Sozialdemokratische Partei Deutschlands | Sozialdemokratische Partei Deutschlands | Zentrum |
|---|---|---|
| Deutsche Demokratische Partei | Deutsche Volkspartei | Deutschnationale Volkspartei |

④ Ordne die größten Parteien des 1. Deutschen Reichstages nach ihrer Sitzordnung im Parlament in die Übersicht ein.

| Linke Parteien | Parteien der Mitte | Rechte Parteien |
|---|---|---|
|  |  |  |
|  |  |  |

radikal = rücksichtslos bis zum Äußersten gehend
liberal = vorurteilslos, freiheitlich, nach Freiheit strebend
konservativ = am Überlieferten, Hergebrachten festhaltend
monarchistisch = Anhänger der monarchistischen Regierungsform (kaisertreu)

# Alle Staatsgewalt geht vom Volke aus

Nach monatelangen Beratungen wurde am 31. Juli 1919 die Verfassung mit 262 gegen 75 Stimmen von der Nationalversammlung verabschiedet.
Die Verfassung machte Deutschland zu einem demokratischen Staat in der Form einer Republik.
Friedrich Ebert wurde Reichspräsident. In der Verfassung wurden jedem Deutschen Grundrechte garantiert.
Zum ersten Mal in der deutschen Geschichte konnten auch Frauen wählen und gewählt werden.

Friedrich Ebert

Grundrechte:
„Alle Deutschen sind vor dem Gesetz gleich; die Freiheit der Person ist unverletzlich; die Wohnung jedes Deutschen ist für ihn eine Freistätte und unverletzlich. Jeder Deutsche hat das Recht innerhalb der Schranken der allgemeinen Gesetze seine Meinung durch Wort, Schrift, Druck, Bild frei zu äußern. Alle Bewohner des Reichs genießen volle Glaubens- und Gewissensfreiheit. Das Eigentum wird von der Verfassung gewährleistet."

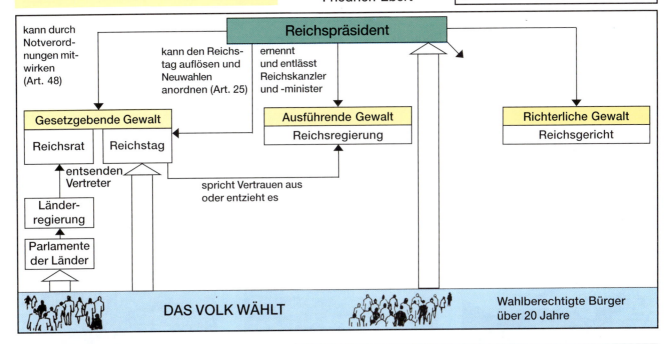

① Kennzeichne mit verschiedenen Farbstiften die Pfeile, die vom „Volk" und vom „Reichspräsidenten" ausgehen. Male im Schaubild die Rechtecke, die die 3 Gewalten darstellen, verschiedenfarbig aus.

② Berichte auf einem Zusatzblatt über die besonderen Rechte des Reichspräsidenten.

③ Vervollständige die folgende Übersicht.

**Art. 48, Abs. 2 der Weimarer Republik**
Der Reichspräsident kann, wenn im Deutschen Reiche die öffentliche Sicherheit und Ordnung erheblich gestört oder gefährdet ist, die zur Wiederherstellung der öffentlichen Sicherheit und Ordnung notwendigen Maßnahmen treffen, erforderlichenfalls mithilfe der bewaffneten Macht einschreiten. Zu diesem Zwecke darf er vorübergehend die ... festgesetzten Grundrechte ganz oder zum Teil außer Kraft setzen.

## Kaiserreich

Das **Volk** wählte den Reichstag. Der hatte wenig Einfluss auf die Politik der Reichsregierung, weil die Fürsten im Bundesrat ein großes Mitspracherecht hatten. Der Kaiser konnte den Reichstag einberufen und ihn auch auflösen. Der **Kaiser** entschied über Krieg und Frieden. Seine Stellung war erblich. Er ernannte den Reichskanzler. Dieser war allein ihm verantwortlich. Der Kaiser ernannte die Staatssekretäre und entließ sie auch. Ihre Arbeit verrichteten sie nach Weisung des Reichskanzlers. Im deutschen Kaiserreich (1871 - 1918) ging alle **Gewalt** vom Kaiser aus. Es gab keine Teilung der Gewalten.

## Weimarer Republik

Das Volk wählt _____

_____

_____

Der Reichspräsident kann _____

_____

_____

_____

Teilung der Gewalten in _____

_____

# Die junge Republik kämpft gegen viele Schwierigkeiten

Friedrich Ebert und die demokratische Regierung mussten die Folgen der Niederlage des Kaiserreiches bewältigen. Führende Kräfte aus dem Kaiserreich (Offiziere, Beamte, Richter) blieben in ihren Ämtern. Das deutsche Volk, jahrzehntelang zum gehorsamen Untertan und Befehlsempfänger erzogen, sollte sich plötzlich selbst regieren. Es gab viele Parteien mit unterschiedlichen Zielen. Am Ende der Weimarer Republik stellten sich über 30 Parteien zur Wahl. Welche sollte man wählen?

Am gefährlichsten für den Bestand der Republik waren die Parteien, die die demokratische Staatsform beseitigen wollten. Die KPD wollte die Diktatur des Proletariats.* Die NSDAP wollte die Diktatur durch einen starken Führer. Beide Parteien kämpften gegen die Republik, aber auch gegeneinander. Die harten Bedingungen des Deutschland aufgezwungenen Versailler Friedensvertrages führten zu Fabrikschließungen, zu Arbeitslosigkeit und Hunger. Weil die Regierung den Vertrag erfüllen musste, nutzte man das zur Hetze gegen sie aus.

*\* Diktatur des Proletariats = eine Herrschaftsform, in der die gesamte politische Gewalt von der organisierten Arbeiterklasse, den „Proletariern", ausgeübt werden soll.*

① Warum fiel es den Deutschen schwer sich selbst zu regieren? _____

② Wer gefährdete den Bestand der Republik? _____

③ Wer waren die wirklich Schuldigen an den Folgen des Krieges? _____

### Bedingungen des Versailler Friedensvertrages

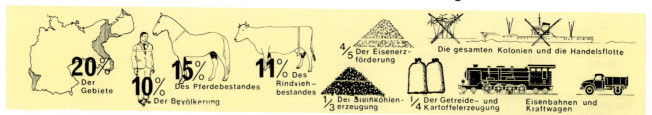

### Hetze gegen die Republik

Hitler und andere Nationalisten verbreiteten eine falsche Darstellung über das Kriegsende 1918. „Deutschland hätte gesiegt", sagten sie, „wenn nicht die vaterlandslosen Gesellen, die Juden und die Sozialisten, durch die Novemberrevolution die Front von hinten erdolcht hätten."

### Aufstände von „links"

Im Januar 1919 besetzten radikale Arbeiter in Berlin das Polizeipräsidium und andere wichtige Gebäude. Es gab Aufstände in den Hafenstädten, im Ruhrgebiet und in Bayern. Soldaten schlugen im Auftrag der Regierung die Aufstände nieder.

### Umsturzversuch von „rechts"

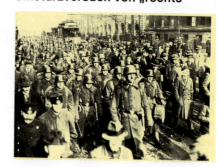

Im März 1920 vertrieben Soldatenverbände die Regierung aus Berlin. Der sogenannte Kapp-Putsch brach durch einen Generalstreik zusammen. Die Reichswehr hatte sich geweigert einzugreifen.

④ Beantworte durch das Einkleben entsprechender Textkärtchen die folgenden Fragen.

| Welchen Zweck verfolgte die Hetze? | Wer waren die „Linken"? | Wer waren die „Rechten"? |
|---|---|---|
| Wer beeinflusste die öffentliche Meinung? | Welche Aktionen führten die „Linken" durch? | Welche Aktionen wurden von den „Rechten" durchgeführt? |

deutschnational = für nationale Unabhängigkeit und Freiheit, gegen den Versailler Friedensvertrag
Zeitungskonzern = Zusammenschluss mehrerer Zeitungsverlage

# Deutschland leidet unter den Folgen des verlorenen Krieges

Französische Truppen besetzen Essen

### Die Ruhrbesetzung
Ende 1922 geriet Deutschland mit den Reparationsleistungen von Telegrafenstangen und Kohle geringfügig in Verzug. Da besetzten französische und belgische Truppen das Ruhrgebiet sich ihre Reparationen selbst zu holen. Die Reichsregierung stellte die Reparationszahlungen ein und rief die Bevölkerung zum passiven Widerstand auf. Viele Hunderttausende streikten. Die Arbeiter der Bergwerke und Industriebetriebe stellten die Arbeit ein, kein Zug fuhr mehr. – Die Unterstützung der Streikenden kostete die Regierung täglich den Gegenwert von 40 Mio. Goldmark. Die deutsche Wirtschaft konnte während dieser Zeit keine Gewinne machen. Im September 1923 erklärte die Reichsregierung den passiven Widerstand für beendet.

① Warum wurde das Ruhrgebiet besetzt?

② Wie reagierte die Reichsregierung auf die Besetzung?

③ Warum wurde der passive Widerstand für beendet erklärt?

| Es kostete: | 1914 in Mark | Ende 1918 in Mark | Ende 1922 in Mark | Juli 1923 in Mark | Nov. 1923 in Mark |
|---|---|---|---|---|---|
| 1 Dollar | 4,20 | 7,50 | 7 500,- | 1,2 Mrd. | 4 200 Mrd. |
| 1 kg Roggenbrot | 0,32 | 0,50 | 400,- | 140 000 | 400 Mrd. |
| 1 Pfd. Fleisch | 0,90 | 2,- | 1 200,- | 700 000 | 2 000 Mrd. |

### Die Inflation (Geldentwertung)
Die Kosten des 1. Weltkrieges waren überwiegend mit Geld bezahlt worden, für das keine Deckung durch eine entsprechend große Warenmenge vorhanden war. Nach dem Krieg (Reparationszahlungen) standen den hohen Ausgaben keine genügenden Einnahmen gegenüber. Der Staat druckte immer mehr Geld. Die Preise stiegen. Die Mark verlor immer mehr an Wert, weil der Wert des Geldes nicht mehr dem Wert der vorhandenen Ware die Waage hielt. Wer Sachwerte besaß, z.B. Land, Häuser, Fabriken, hatte durch die Inflation wenig Schaden. Manche Industrielle, Geschäftsleute und Spekulanten bereicherten sich sogar an der Inflation. Sie liehen Geld und kauften damit Fabriken und andere Sachwerte. Wenn das Geld nach einiger Zeit im Wert gesunken war, konnten sie ihre Schulden leicht zurückzahlen. Die Bürger aber, die lange Jahre für ihr Alter gespart hatten (z.B. durch Spareinlagen, Versicherungen), wurden durch die Inflation arm gemacht. Viele Bürger verloren dadurch das Vertrauen zum Staat und wandten sich den radikalen Parteien zu.

④ Warum wurde das Geld immer weniger wert?

⑤ Warum wurde die DM als „harte Währung" bezeichnet?

⑥ Wer bereicherte sich an der Inflation? Unterstreiche im Text die entsprechenden Stellen.

⑦ Wie wirkte sich die Inflation auf das Leben der normalen Bürger aus?

⑧ Welche politischen Folgen ergaben sich daraus?

# Deutschland gewinnt wieder Ansehen in der Welt

## Deutsche Friedenspolitik

Nach dem Krisenjahr 1923 übernahm Dr. Gustav Stresemann den Posten des _____. Er versuchte durch eine Politik der _____ Deutschlands Lage zu verbessern. Bei seiner Friedenspolitik fand er in dem französischen Außenminister Aristide Briand einen gleich gesinnten _____. 1926 erhielten Stresemann und Briand den _____nobelpreis. Damals wurde auch die Idee der „Vereinigten Staaten von _____" geboren.

## Wirtschaftliche, soziale und kulturelle Fortschritte

1923 wurde durch eine Währungsreform mit der Rentenmark eine feste deutsche _____ geschaffen. Ausländische _____ (besonders aus den USA) flossen ins Land. Fabriken wurden vergrößert, Maschinen erneuert und die _____ erhöht. Viele Erfindungen trugen zum wirtschaftlichen _____ bei. Die deutsche Handelsflotte wuchs, ebenso die _____- und Luftschiffindustrie. Alte Forderungen der Arbeiter nach sozialem Fortschritt konnten verwirklicht werden. Man richtete die allgemeine Grundschule ein. Volkshochschulen und _____ wurden errichtet. Die Künste und _____ entwickelten sich. Von den 28 wissenschaftlichen Nobelpreisträgern in der Zeit von 1919 - 1927 waren neun deutsche _____. Rundfunk und _____ gewannen einen großen Einfluss im öffentlichen Leben. Breite Volksmassen konnten jetzt am _____ teilnehmen.

① Setze in den Lückentext folgende Wörter sinnvoll ein.

Partner - Verständigung - Europa - Friedens - Außenministers - Kredite - Aufschwung - Flugzeug - Industrieproduktion - Währung - Gelehrte - Film - Kulturleben - Wissenschaften - Volksbühnen

Gustav Stresemann    Aristide Briand

② Berichte auf einem Zusatzblatt über die Friedensaktivitäten der Völker nach dem 2. Weltkrieg. (siehe S. 48, 51, 52, 53)

**Produktion wichtiger Güter**

|  | 1913 | 1919 | 1923 | 1927 | 1930 |
|---|---|---|---|---|---|
| Steinkohle (Mill. t) | 140 | 88 | 62 | 153 | 143 |
| Rohstahl | 11,7 | 6,2 | 6,2 | 16,1 | 14,3 |

**Wohnungsneubauten**

307 000 Wohnungen 1925
282 000 Wohnungen 1936
203 000 Wohnungen 1939

**Bestand an Personenkraftwagen in Deutschland**

| 1914 | 1922 | 1925 | 1927 | 1930 |
|---|---|---|---|---|
| 60 800 | 82 700 | 175 600 | 268 000 | 501 200 |

③ Frage deine Großeltern, welche Folgen die Währungsreform und der Wiederaufbau nach dem 2. Weltkrieg hatten. (s. S. 57)

## Die sogenannten „Goldenen Zwanziger"

Gustav Stresemann beendete den vergeblichen Widerstand gegen die Ruhrbesetzung. ☐
Die Deutschnationalen werteten dies als „Verrat des nationalen Aufstands". ☐
Verträge sollten eine Aussöhnung mit den ehemaligen Gegnern, vor allem mit Frankreich, bringen. ☐
Diese Verständigungspolitik war nicht im Sinne von nationalen Gruppen. ☐
Sie hetzten gegen Stresemann und sagten: „Stresemann - verwese man". ☐
1926 wurde Deutschland in den Völkerbund (ähnlich der heutigen UNO) aufgenommen. ☐
In einem Pakt verpflichteten sich Deutschland und andere Staaten keinen Krieg mehr zu führen. ☐
In zahlreichen Konferenzen erreichte Stresemann eine Senkung der Reparationen. ☐
Neue Handels- und Wirtschaftsverträge wurden abgeschlossen. ☐
Es erfolgte eine Währungsreform und durch sie das Ende der Inflation. ☐
Mit langfristigen USA-Krediten begann allmählich ein wirtschaftlicher Aufschwung. ☐
Durch diese Kredite wurde Deutschland abhängig vom amerikanischen Kapital. ☐
Die Folgen der Währungsreform (harte Sparmaßnahmen) gingen zu Lasten der Arbeitnehmer. ☐

④ Beurteile in den vorangegangenen Feststellungen die Entwicklung mit (+) = gut oder (-) = schlecht.

# Die Weltwirtschaftskrise erschüttert Deutschland

## Die Wirtschaftskrise in den USA

In den USA waren während des 1. Weltkrieges die Industrieanlagen enorm ausgebaut worden. Nach der Umstellung auf Friedensproduktion stellten die USA viel mehr Güter her, als sie verbrauchen konnten. Die amerikanischen Großunternehmen waren Aktiengesellschaften. Das Geld zum Aufbau der Unternehmen (Betriebskapital) hatten sie von vielen Geldgebern (Aktionären) bekommen. Für ihr Geld erhielten die Aktionäre Anteilscheine (Aktien). Damit erhofften sie sich hohe Gewinne.

In den ersten Jahren nach dem Krieg ging ihre Hoffnung auch in Erfüllung. Bald kam es aber zu Absatzschwierigkeiten. Die verarmten und verschuldeten Länder Europas konnten nicht so viel kaufen, wie die USA herstellten.

Als es jetzt zu Zusammenbrüchen von Großbetrieben kam, stürmten die Aktionäre die Banken und wollten für ihre Aktien bares Geld haben. Diese überstürzten Aktienverkäufe hatten ein Fallen der Aktienkurse zur Folge.

① Ergänze den Lückentext mit den entsprechenden Wörtern aus der Abbildung.

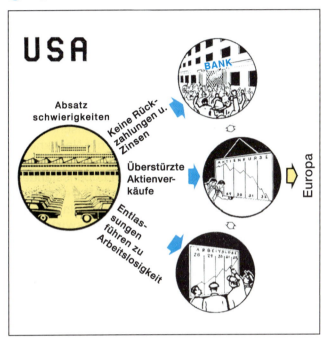

Um 1930 stand über Nacht die Wirtschaft der _____ vor dem Zusammenbruch. Durch moderne Fertigungsmethoden war die Produktion von Gütern stetig angestiegen (Überproduktion). Das führte zu _____. Die Unternehmer erzielten keine ausreichenden Einnahmen und wurden zahlungsunfähig (bankrott). Sie konnten keine _____ an die Banken leisten. Die Sparkassen und Banken erhielten keine _____ mehr. Es kam zu überstürzten _____. Die Kurse stürzten. Viele Banken gingen pleite. Die Sparer verloren ihr Geld. Die Betriebe führten _____ durch. Die _____ stieg an. Auch _____ wurde von der Krise betroffen.

## Wirtschaftskrise in Deutschland

Die Scheinblüte der guten Jahre (1924 - 1929) war mit amerikanischen Krediten aufgebaut worden. Jetzt, da das Geld in Amerika knapp wurde, forderten viele Amerikaner diese Kredite kurzfristig zurück. Viele Banken wurden zahlungsunfähig, Fabriken mussten schließen, Millionen Menschen verloren ihren Arbeitsplatz. Die Arbeitslosigkeit erreichte Rekordhöhen (siehe unten). Die Steuereinnahmen gingen zurück. Deshalb konnte der Staat nur niedrige Arbeitslosenunterstützungen zahlen. Unendliches Leid und maßlose Verbitterung waren die Folge.

Viele Bürger wandten sich von den demokratischen Parteien ab, die sie für ihr Elend verantwortlich machten. Sie wählten jetzt entweder die KPD oder die NSDAP. Diese beiden radikalen Parteien versprachen den Deutschen die Beseitigung des Versailler Vertrages, Arbeit und Brot. Ihr Ziel war jedoch die Beseitigung der Demokratie.

| Die Zahl der Arbeitslosen in Deutschland | | | |
|---|---|---|---|
| 1921 | 354 000 | 1927 | 1 300 000 |
| 1922 | 213 000 | 1928 | 1 300 000 |
| 1923 | 751 000 | 1929 | 1 600 000 |
| 1924 | 978 000 | 1930 | 3 000 000 |
| 1925 | 636 000 | 1931 | 4 500 000 |
| 1926 | 2 000 000 | 1932 | 5 500 000 |

| Die Höhe der ausländischen Kredite in Deutschland betrug | | |
|---|---|---|
| 1924 | rund 2,5 | Milliarden RM |
| 1925 | rund 5 | Milliarden RM |
| 1926 | rund 7,5 | Milliarden RM |
| 1927 | rund 10 | Milliarden RM |
| 1928 | rund 15 | Milliarden RM |

Etwa die Hälfte dieser Kredite war „kurzfristig" gegeben worden, mussten also bei Kündigung alsbald zurückgezahlt werden.

② Erkläre den Zusammenhang zwischen der amerikanischen und der deutschen Wirtschaftskrise.

_____
_____
_____
_____
_____

③ Welche Auswirkungen hatte die Wirtschaftskrise in Deutschland?

_____
_____
_____
_____
_____

# Die Reichsregierung steht der Krise hilflos gegenüber

Ein amerikanischer Journalist berichtete 1931:

„Die Arbeitslosigkeit der Eltern verursacht bei den jungen Kindern Unterernährung. Häufung von Krankheiten ... Die Kinderkrankheiten und Erkältungskrankheiten häufen sich, da der Arzt sehr oft zu spät oder gar nicht aufgesucht wird, weil für Arztschein und Medizin die notwendigen Gebühren nicht aufzubringen sind oder kein Fahrgeld vorhanden ist ... Sehr deutlich sind die häufigen Erkrankungen der Kinder in den Schulen infolge Blutarmut und Hunger, Schwindel- und Ohnmachtsanfälle treten stark auf ..." /9\

Stimmen junger Arbeiter 1932:

„Der Hunger ist noch lange nicht das Schlimmste. Aber seine Arbeit verlieren, bummeln müssen und nicht wissen, ob man jemals wieder in seine Arbeit kommt, das macht kaputt." - „Ich hasse diesen Staat, und ich habe als Arbeitsloser das Recht und die Pflicht den deutschen Besitzenden zu hassen." /10\

Zeitungsartikel 1996

Nach einer Studie des Instituts für Arbeitsmarkt- und Berufsforschung kostete die Arbeitslosigkeit im Jahre 1994 für mehr als vier Millionen Arbeitslose zusammen 11 140 Milliarden Mark. Jeder Arbeitslose verursacht damit Kosten von über 38 000 DM im Jahr. /11\

Die Auswirkungen der Weltwirtschaftskrise ließ zum zweiten Mal nach 1918 weite Kreise der Bevölkerung (Arbeiter, Bauern, Kleinbürgertum) an den Rand der Verelendung geraten. Wie sollte die deutsche Reichsregierung diese wirtschaftliche Katastrophe abfangen? Der Staat nahm immer weniger Steuern ein. Aber immer mehr Arbeitslose mussten unterstützt werden. Gewerkschaften und Sozialdemokraten verlangten, dass die Berufstätigen, vor allem aber die Arbeitgeber, höhere Versicherungsbeiträge zahlen sollten. Die Arbeitgeber, vertreten durch die Deutsche Volkspartei, lehnten diese Vorschläge ab. Sie verlangten die Leistungen der Arbeitslosenversicherung zu kürzen.

Weil die Koalition (SPD, DDP, Z, BVP, DVP) sich nicht einigen konnten, trat der Reichskanzler mit seiner Regierung am 27. 3. 1930 zurück. Damit war der Zusammenbruch der Weimarer Republik eingeleitet worden. In der Folgezeit regierte der Reichskanzler ohne Parlament mit Unterstützung des Reichspräsidenten.

Die Ursachen der Weltwirtschaftskrise lagen nach heutigen Erkenntnissen in dem kapitalistischen Wirtschaftssystem, das sich in den USA der Nachkriegszeit entfaltet hatte. Auch heute noch beeinflussen die Wirtschaftsformen der Länder den Lebensstandard ihrer Völker. Die **freie Marktwirtschaft** (vertreten in der Weimarer Republik) lässt keinen Eingriff des Staates zu. In der **Zentralverwaltungswirtschaft** der Sowjetunion hat der Staat die gesamte Lenkung der Wirtschaft übernommen. In der **sozialen Marktwirtschaft** unserer Bundesrepublik greift der Staat zum Schutze des Wettbewerbs und der Verbraucher in den Wirtschaftsprozess ein.

① Welche Schwierigkeiten hatte die Reichsregierung beim Überwinden der Wirtschaftskrise?

② Wie macht sich die Not bei den Kindern der Arbeitslosen bemerkbar?

③ Die Arbeitslosen erleiden heute nicht so große Not wie damals. Versuche Gründe dafür anzugeben.

④ Vergleiche die dargestellten Folgen der Krise der 30er Jahre mit der Krise der 90er Jahre.

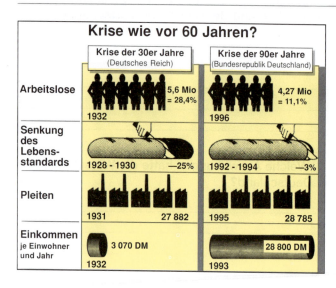

Krise wie vor 60 Jahren?

| | Krise der 30er Jahre (Deutsches Reich) | Krise der 90er Jahre (Bundesrepublik Deutschland) |
|---|---|---|
| Arbeitslose | 5,6 Mio = 28,4% (1932) | 4,27 Mio = 11,1% (1996) |
| Senkung des Lebensstandards | 1928 - 1930 −25% | 1992 - 1994 −3% |
| Pleiten | 1931 27 882 | 1995 28 785 |
| Einkommen je Einwohner und Jahr | 3 070 DM (1932) | 28 800 DM (1993) |

16

# Unsicherheit und Terror breiten sich aus

Die Not leidenden Menschen erwarteten vom „Staat" die Meisterung der Krise. Nach Meinung vieler Bürger war die demokratische Staatsform daran schuld, dass es ihnen so schlecht ging. Von den demokratischen Parteien konnten sie wenig erwarten. Die waren zerstritten und in viele Lager aufgespalten. Deshalb klammerten sie sich nun an die Versprechungen der Nationalsozialisten und Kommunisten. Obwohl diese politische Feinde waren, behinderten sie gemeinsam die Arbeit des Parlaments um die Republik zu Fall zu bringen. Die politische Auseinandersetzung wurde nun verstärkt auf der Straße geführt. Die NSDAP schickte die SA (Sturmabteilung) auf die Straße. Die Anhänger anderer nationaler Parteien kämpften im „Stahlhelm"-Bund. Die Kommunisten gingen mit dem „Rotfrontkämpferbund" und die Anhänger der Republik mit dem „Reichsbanner Schwarz-Rot-Gold" in den Kampf. Diese Kampfbünde standen sich auf der Straße wie in einem Bürgerkrieg gegenüber. Wahlversammlungen arteten in Saalschlachten aus. Alein in Preußen gab es im Juli 1932 bei 461 Zusammenstößen zwischen Nazis und Kommunisten 82 Tote und über 400 Verletzte.

Straßenschlacht zwischen Polizei und Angehörigen des Roten Frontkämpferbundes.

Goebbels am 1. August 1932: „In Königsberg wurde am Tage vor der Wahl ein SA-Mann von roten Terrortrupps überfallen: ein Kommunist hat ihm auf offener Straße am hellichten Tage mit dem Rasiermesser den Hals durchschnitten. Der SA-Mann ist sofort gestorben. Am Tage darauf platzten in Königsberg die Bomben und knallten die Pistolen. Zwei örtliche KPD-Führer werden auf der Straße erschossen. Das ist das einzige Mittel um die Roten zur Raison (Vernunft) zu bringen: alles andere imponiert ihnen nicht mehr. Wir werden derlei Fälle in der näheren und weiteren Zukunft noch mehr erleben. Die bürgerlichen Angstmeier können das natürlich nicht verstehen." /12\

① Male in den folgenden Grafiken die Anteile der KPD rot und die der NSDAP braun aus.

### Sitzverteilung im Reichstag

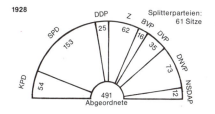
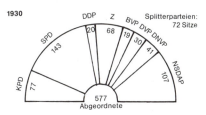
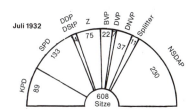

② Verbinde die zueinander passenden Satzteile miteinander.

Im Juli 1932 hatte die NSDAP — die drittstärkste Fraktion im Reichstag.
Auf ihren Wahlplakaten versprach sie — vor dem Terror der Nationalsozialisten.
Im Juli 1932 war die KPD — ein Ende des Hungers.
Auf ihren Wahlplakaten versprach sie — die meisten Sitze im Reichstag.
Im Juli 1932 hatte die SPD nur noch — ein Ende der Arbeitslosigkeit.
Auf ihren Wahlplakaten warnte sie — 133 Sitze im Reichstag.

| Klebe hier ein Wahlplakat der NSDAP ein. | Klebe hier ein Wahlplakat der SPD ein. | Klebe hier ein Wahlplakat der KPD ein. |

③ Berichte über Wahlkämpfe der Gegenwart, sammle auch entsprechende Zeitungsartikel.

# Notverordnungen ersetzen notwendige Gesetze

1925 übernahm der ehemalige Generalfeldmarschall Paul von Hindenburg als Reichspräsident ein schweres Amt. Nach der Weimarer Verfassung hatten auch die kleinsten Parteien die Möglichkeit in den Reichstag zu gelangen. Mit ihren gegensätzlichen Interessen verhinderten sie oft die Beschlussfähigkeit im Parlament. 1932 wurde der Reichstag arbeitsunfähig, weil es keine Mehrheiten mehr für dringliche Gesetze gab. Hindenburg musste nun viele **Notverordnungen** erlassen. Der Ruf nach einem „starken Mann" wurde laut. Der sollte mit harter Hand wieder für „Ruhe und Ordnung" sorgen. Einflussreiche Gruppen in der damaligen Gesellschaft (Reichswehr, Großgrundbesitzer, Großindustrielle, Bankiers) fürchteten, dass die KPD die Macht ergreifen und sie entmachten und enteignen würde. Sie ebneten Hitler durch ihre Politik und riesige Geldsummen den Weg ins Kanzleramt. Hindenburg wollte von Hitler nichts wissen. Sie überredeten ihn aber und sagten: „Wir brauchen eine starke Regierung. Wir werden ihn schon im Zaum halten." Schließlich gab der 85-jährige Reichspräsident nach und ernannte Hitler zum Reichskanzler.

① Informiere dich auf Seite 19 über die Unterschiede in den Verfassungen von Weimar und der Bundesrepublik. Beantworte danach folgende Fragen:

② Wodurch wird bei uns eine starke Zersplitterung der Parteien verhindert?

③ Welche Rechte hat unser Bundespräsident nicht?

### Entwicklung der Notverordnungspolitik (1930 bis 1932)

| | Durch den Reichstag beschlossen | Durch den Reichspräsidenten verordnet |
|---|---|---|
| 1930 | 98 Gesetze | 5 Notverordnungen |
| 1931 | 34 Gesetze | 44 Notverordnungen |
| 1932 | 5 Gesetze | 66 Notverordnungen |

④ Vervollständige das Schaubild und male es aus. (1mm = 1 Gesetz bzw. Notverordnung)

⑤ Klebe unten entsprechende Textkärtchen ein.

**Notverordnungen =**
„Gesetze" ohne parlamentarische Zustimmung. Der Reichspräsident konnte sie nach Art. 48 der Weimarer Verfassung erlassen.

Wann durfte der Reichspräsident Notverordnungen erlassen?

Warum sollten Notverordnungen erlassen werden?

Wie stand es mit der demokratischen Kontrolle von Notverordnungen?

⑥ Was kannst du aus dem Schaubild erkennen? Berichte auf einem Zusatzblatt.

Plakatpropaganda der NSDAP 1933

# Die Weimarer Republik ist gescheitert

① Hier sind einige Gründe für das Scheitern der Weimarer Republik aufgeführt. Ergänze sie durch jeweils einen Satz (s. unten).

1. Der verlorene Krieg hatte Deutschland verarmt. Es hatte große Verluste an Land, Menschen, Material, Gütern und Bodenschätzen.

Mitschuld _____

2. Die Siegermächte erzeugten unter den Deutschen neuen Hass. Die Besetzung des Ruhrgebietes führte zum passiven Widerstand.

Durch _____

3. Viele Deutsche wollten keine Republik. Jahrzehntelang waren sie zum gehorsamen Untertan erzogen worden.

Sie _____

4. Die Verfassung enthielt den verhängnisvollen Artikel 48. Er gab dem Reichspräsidenten zu große Macht.

Mit _____

5. Die Reichswehr war keine zuverlässige Stütze der Republik. Als der Staat durch den Kapp-Putsch bedroht war, griff sie nicht ein.

Sie entzog _____

6. Die Weltwirtschaftskrise traf Deutschland besonders hart. Unendliches Leid und maßlose Verbitterung waren die Folge.

Das _____

7. Die staatsbejahenden Parteien waren zerstritten. SPD und DVP konnten sich nicht zu einem gemeinsamen Notprogramm durchringen.

V _____

8. Die Nationalisten und Rechtsextremisten untergruben die Demokratie. Ohne ihre Mitwirkung wäre Hitler nicht an die Macht gekommen.

Mit Hass _____

> Mit diesem Artikel konnte er den Ausnahmezustand erklären.
> Mitschuld an der Verarmung hatten die hohen Reparationsleistungen.
> Mit Hass und Verleumdung verfolgten sie demokratische Politiker.
> Durch die harten Friedensbedingungen sollte Deutschland bestraft werden.
> Verantwortungsscheu gingen sie im März 1930 auseinander.
> Sie sehnten sich nach dem Kaiserreich zurück.
> Das entstandene Heer von Arbeitslosen stärkte die Position der Radikalen.
> Sie entzog sich mit Erfolg der staatlichen Kontrolle.

② Was will der Zeichner mit der abgebildeten Karikatur sagen?

Sie tragen die Buchstaben der Firma - aber wer trägt den Geist?   Th. Th. Heine

| Reichspräsident | Bundespräsident |
|---|---|
| - kann den Reichskanzler aus eigener Kompetenz entlassen | - kann den Bundeskanzler nicht ohne Misstrauensvotum entlassen |
| - kann den Ausnahmezustand ausrufen und mit Notverordnungen reagieren | - kann nicht mit Notverordnungen regieren |
| - kann Parlament auflösen | - kann Parlament nur nach Art. 63 und 68 auflösen |
| - hat Oberbefehl über die Reichswehr | - kein Oberbefehl über die Bundeswehr |

| Reichstag und Reichsregierung | Bundestag und Bundesregierung |
|---|---|
| - reine Verhältniswahl; starke Zersplitterung der Parteien | - personalisiertes Verhältniswahlrecht mit 5% Sperrklausel |
| - Reichskanzler wird vom Reichspräsidenten ernannt | - Bundeskanzler wird vom Bundestag gewählt |
| - Legislative durch Volksbegehren und Volksentscheid möglich | - Volksentscheid nur in Fragen der Länderneugliederung möglich |
| **Schutz der Verfassung** | **Schutz der Verfassung** |
| - Verfassung kann in allen Teilen geändert werden (z.B. Hitlers Ermächtigungsgesetz) | - erschwerte Verfassungsänderung (2/3 Mehrheit; Teile unveränderbar: die Grundrechtsartikel und die Artikel über die Staatsform) |
| - für Beamte und Richter Treuepflicht gegenüber der Verfassung | - für Beamte und Richter Treuepflicht gegenüber der demokratischen Grundordnung |
| - Verbot von Organisationen nur bei Verstößen gegen die Strafgesetze möglich | - Verbot verfassungsfeindlicher Organisationen möglich (eine wehrhafte Demokratie) |

„Das ‚ohne mich' ... ist die Zerstörung aller demokratischen Gesinnung, die im Wesenhaften auf dem ‚mit mir', ‚mit dir' ruht."

# Die Nationalsozialisten übernehmen die Macht

① Von den fett gedruckten Aussagen im folgenden Text ist jeweils eine falsch. Streiche sie durch.

**Stationen auf dem Wege zur „Machtergreifung"**
**1. Station:** Am 30. Januar 1933 wurde Hitler **Reichspräsident/Reichskanzler**. Er und seine Minister wurden auf die **Berliner/Weimarer** Verfassung vereidigt. Am Abend dieses Tages veranstalteten die Anhänger **Hindenburgs/Hitlers** einen riesigen Fackelzug in **Weimar/Berlin**. Im **Reichstag/Bundestag** war jetzt die **KPD/NSDAP** die stärkste Fraktion. Das reichte Hitler nicht. Er wollte durch eine neue **Volksbefragung/Wahl** die Mehrheit erringen. Dazu wollte er vorher die **SPD/KPD** vernichten.
**2. Station:** Als am 27. Februar 1933 der **Bundestag/Reichstag** brannte, nutzte Hitler dies zu einem Schlag gegen die **KPD/SPD**. Er ließ verkünden, dass die **Sozialdemokraten/Kommunisten** den Brand gelegt hätten. Es sollte für sie das Signal zu **einem Umsturz/einer Demonstration** sein. Auf Drängen Hitlers erließ daraufhin Hindenburg am 28. 2. 1933 ein **Gesetz/eine Notverordnung** „Zur Abwehr kommunistischer Gewaltakte". Dadurch wurden die wichtigsten Grundrechte der Weimarer Verfassung außer Kraft gesetzt. Hitler konnte jetzt die **SPD/KPD** vernichten. Er ließ viele Kommunisten einsperren.
**3. Station:** Die Wahl am 5. März 1933 brachte der **KPD/NSDAP** nur 44% der abgegebenen Stimmen. Jetzt forderte Hitler von den Reichsabgeordneten die Ermächtigung zunächst für 4 Jahre ohne ihre Mitwirkung **Notverordnungen/Gesetze** erlassen zu können. Dazu drohte er noch mit einem **Streik/Bürgerkrieg**, wenn sie ihm nicht zustimmen wollten. Es stimmten alle Parteien außer der **DDP/SPD** zu (die KPD war vorher ausgeschaltet worden). Damit hatte sich der **Bundestag/Reichstag** selbst aufgelöst. Das war die eigentliche „Machtergreifung" Hitlers.

② Welche Macht würde die Polizei erhalten, wenn bei uns das Recht auf Freiheit der Person, auf Leben und körperliche Unversehrtheit aufgehoben würde?

_____
_____

Der sozialdemokratische Abgeordnete Otto Wels sagte in seiner Rede vor der Auflösung des Reichstages u.a. folgendes:

> „Noch niemals, seit es einen Deutschen Reichstag gibt, ist die Kontrolle der öffentlichen Angelegenheiten durch die gewählten Vertreter des Volkes in einem solchen Maße ausgeschaltet worden, wie es jetzt geschieht und wie es durch das neue Ermächtigungsgesetz noch mehr geschehen soll. Eine solche **Allmacht der Regierung** wird sich um so schwerer auswirken, als auch die Presse jeder Bewegungsfreiheit entbehrt."

③ Wodurch wird in unserem Staat die Macht der Regierung eingeschränkt?

_____
_____

④ Warum stimmten die meisten Abgeordneten dem „Ermächtigungsgesetz" zu?

_____

⑤ Otto Wels beklagte die nicht vorhandene Bewegungsfreiheit der Presse. Wie ist es damit bei uns bestellt?

_____
_____

30. Januar 1933 in Berlin

Der Reichstag brennt (27. Februar 1933)

> Es sind daher Beschränkungen der persönlichen Freiheit, des Rechts der freien Meinungsäußerung einschließlich der Pressefreiheit, des Vereins- und Versammlungsrechts, Eingriff in das Brief-, Post-, Telegrafen- und Fernsprechgeheimnis, Anordnungen von Hausdurchsuchungen und Beschlagnahmungen sowie Beschränkungen des Eigentums auch außerhalb der sonst hierfür bestimmten gesetzlichen Grenzen zulässig ...

Aus der Notverordnung vom 28. 2. 1933

Am 24. 3. 1933 verabschiedete der Reichstag das Ermächtigungsgesetz mit 444 (NSDAP, DDP, DNVP, Z, BVP) gegen 94 (SPD) Stimmen.

**Artikel 1:**
„Reichsgesetze können außer in dem in der Reichsverfassung vorgesehenen Verfahren auch durch die Reichsregierung beschlossen werden ..."
**Artikel 2:**
„Die von der Reichsregierung beschlossenen Reichsgesetze können von der Reichsverfassung abweichen ..."

Das Ermächtigungsgesetz

# Politische Gegner werden ausgeschaltet

**1. Ziel:** Erringung der Mehrheit im Reichstag durch Beseitigung der politischen Gegner.
**Maßnahmen:** „Verordnung zum Schutz von Volk und Staat" - Aufhebung vieler Grundrechte um ohne Richterspruch **Verhaftungen** vornehmen zu können. Mitte März 1933 waren allein in Preußen 10 000 Menschen verhaftet worden. Die Verhafteten waren hauptsächlich Kommunisten und Sozialdemokraten.

① Die „Verordnung zum Schutz von Volk und Staat" wurde von den Nationalsozialisten nie aufgehoben. Warum?

Verhaftungen nach dem 30. Januar 1933 durch die SA

Besetzung des Gewerkschaftshauses in Berlin

**2. Ziel:** Einparteienstaat durch **Verbot aller anderen Parteien und Gewerkschaften**.
**Maßnahmen:** „Gesetz zur Behebung der Not von Volk und Staat" - Hitler konnte jetzt ohne den Reichstag regieren und die Gesetze erlassen. Im Mai 1933 wurden die Gewerkschaften aufgelöst und im Juni 1933 die SPD verboten. Die anderen Parteien lösten sich unter dem Druck der NSDAP selbst auf.

② Grundlage einer Demokratie ist die Gewaltenteilung. Was geschah durch das Ermächtigungsgesetz?

**3. Ziel:** Totaler Führerstaat durch **Mord und heimliche Verhaftungen**.
**Maßnahmen:** Bildung von Sondergerichten. Dazu gehörte die Gründung eines Volksgerichtshofes. Ausbau der Geheimen Staatspolizei (Gestapo). Konzentrationslager (Abk.: KZ) werden errichtet. Der SS-Führer Himmler wurde zum Chef der Deutschen Polizei ernannt. Im Juni 1934 wurden hohe SA-Führer und Politiker ermordet, die andere Ziele als Hitler verfolgten.

③ Die Nazis konnten ihre Ziele nur durch die Aufhebung vieler Grundrechte erreichen. Was sagt dazu Artikel 19 (2) unseres Grundgesetzes?

④ Warum verlor der Reichstag an Bedeutung?

**Aus dem Bericht des Häftlings Ludwig Scheinbrunn, Leichenträger im KZ Buchenwald**
„Während des Winters 1939 war neben dem jetzigen Krematorium ein Zeltlager eingerichtet, in dem täglich 40 bis 50 Häftlinge durch Erfrieren oder vor Hunger gestorben sind. Außerdem wurden viele vom SS-Hauptscharführer Blank und SS-Hauptscharführer Hinkelmann vergiftet. Zu essen gab es dort pro Tag einen halben Liter Wassersuppe und für 8 Mann ein Brot ... Oft haben SS-Hauptscharführer Blank oder SS-Hauptscharführer Hinkelmann das Essen auf den Boden geschüttet, sodass die Häftlinge es aufkratzen mussten, wobei die Scharführer mit Knüppeln dazwischen gehauen haben."

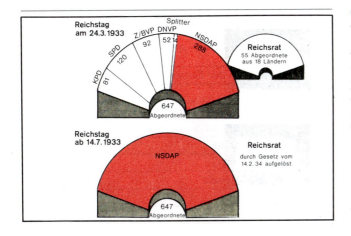

⑤ Kreuze an, durch welche Maßnahmen die Diktatur ausgebaut wurde.

Aufhebung vieler Grundrechte ○
Stärkung des Reichstages ○
Zulassung aller Parteien ○
Verhaftungen ohne Richterspruch ○
Zusicherung der persönlichen Freiheit ○
Mord und geheime Verhaftungen ○
Unverletzlichkeit der Menschenrechte ○
Regieren ohne Parlament ○
Unverletzlichkeit der Wohnung ○
Verbot aller Parteien außer der NSDAP ○

# Ein Volk wird gleichgeschaltet

Nachdem die Nazis das Parlament ausgeschaltet hatten, begannen sie damit das deutsche Volk gleichzuschalten. Nach der Losung: „Führer befiehl, wir folgen dir!" wurden Staat und Gesellschaft in eine strenge Ordnung, die sogenannte **„Volksgemeinschaft"**, gezwängt. Als Volksgenossen sollten alle gleich denken, glauben und fühlen, wie Hitler es wollte. Ganz besondere Beachtung wurde der Jugend geschenkt. Man köderte sie mit bewährten Formen der Freizeitgestaltung: Wandern, Singen, Musizieren, Zeltlager, Geländespiele, Lagerfeuer. Gleichzeitig wurden aber politische Bildung und vormilitärische Erziehung betrieben. Jungen und Mädchen mussten Uniformen tragen.

„ ... wenn diese Knaben mit zehn Jahren in unsere Organisation (Jungvolk) hineinkommen,

... dann kommen sie vier Jahre später in die Hitlerjugend, und dort behalten wir sie wieder vier Jahre,

... dann nehmen wir sie sofort in die Partei, in die Arbeitsfront, in die SA oder in die SS ... und so weiter. Und wenn sie dort zwei Jahre ... sind

... dann kommen sie in den Arbeitsdienst und werden dort wieder sechs und sieben Monate geschliffen.

... Sie übernimmt dann die Wehrmacht zur weiteren Behandlung auf zwei Jahre.

und wenn sie ... zurückkehren, dann nehmen wir sie ... sofort wieder in die SA, SS und so weiter, und sie werden nicht mehr frei, ihr ganzes Leben ..."
(A. Hitler) 17

① 1. Lies die Auszüge aus der Rede Hitlers.
2. Vervollständige rechts die Übersicht.

② Warum bemühten sich die Nazis besonders um die Jugend?

### Jugend im Dritten Reich

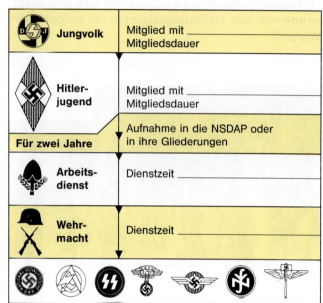

⑥ Welchem Ziel dienten alle NS-Organisationen?

⑦ Welche Möglichkeiten hast du in deiner Freizeit?

... Und es ist immer wieder ein tiefer Eindruck abends in freier Natur um ein kleines Feuer zu sitzen und Lieder zu singen ... Diese Stunden waren wohl die schönsten, die uns die Hitlerjugend geboten hat. Hier saßen dann Lehrlinge und Schüler, Arbeitersöhne und Beamtensöhne zusammen und lernten sich gegenseitig verstehen und schätzen. - Später allerdings, als ich Führer im Jungvolk wurde, da traten auch die Schattenseiten stark hervor.
Der Zwang und der unbedingte Gehorsam berührten mich unangenehm. Ich sah wohl ein, dass Disziplin und Ordnung herrschen mussten bei dieser Anzahl von Jungen, aber es wurde übertrieben. Am liebsten wurde gesehen, wenn man keinen eigenen Willen hatte und sich unbedingt unterordnete ... " 18

③ Berichte, welche Erlebnisse den Jungen beeindruckten.

④ Was schätzte er an dem Zusammensein besonders? Unterstreiche.

⑤ Welche schwer wiegenden Bedenken kamen ihm nach längerer Zugehörigkeit zum Jungvolk?

### Gleichschaltung der Erwachsenen

Zahlreiche Organisationen erfassten auch die Erwachsenen. An die Stelle der aufgelösten Gewerkschaften trat die „Deutsche Arbeitsfront" (DAF). Auch alle bestehenden Vereine und Berufsorganisationen wurden in nationalsozialistische Organisationen umgewandelt. Es sollte keine Privatleute, sondern nur noch Gefolgsleute Hitlers geben.

### Umfassende Kontrolle der Bürger

Jeder Bürger war in irgendeiner Weise Befehlsempfänger. Eine Unzahl von Parteiführern, Staatsbeamten und Offizieren sorgte dafür, dass der Wille des „Führers" durchgesetzt wurde. Dazu gehörte eine umfassende Kontrolle, die sich vom obersten Reichsführer bis hin zum kleinsten Unterführer erstreckte. So waren die „Blockleiter" für einen Wohnblock den „Zellenleitern" verantwortlich; diese wiederum waren politisch zuständig für einen oder mehrere Straßenzüge, die Ortsgruppenleiter waren zuständig für ein Dorf oder einen Stadtteil usw.

⑧ Den Bürgern der Bundesrepublik gewährt das Grundgesetz die Freiheitsrechte. Lese ihren Wortlaut und trage deren Ziffern ein.

| Freiheitsrechte in der Bundesrepublik | Artikel |
|---|---|
| Freiheit der Person | |
| Glaubens- und Gewissensfreiheit | |
| Freie Meinungsäußerung | |
| Versammlungsfreiheit | |
| Vereinigungsfreiheit | |
| Recht auf Freizügigkeit | |
| Freie Berufswahl | |
| Bitt- und Beschwerderecht | |

# Hitler übernimmt alle Macht im Staat

Mithilfe des Ermächtigungsgesetzes konnte Hitler als Diktator regieren. Am 2. 8. 1934 starb der 86-jährige Reichspräsident von Hindenburg. Eine neue Reichspräsidentenwahl fand nicht mehr statt. Hitler nannte sich jetzt „Führer und Reichskanzler". Im Laufe kurzer Zeit wurde er **Staatsoberhaupt, Reichskanzler, oberster Gerichtsherr, Oberbefehlshaber der Wehrmacht** und **Parteiführer**. Er verfügte jetzt über die absolute Macht im Staate, dem Dritten Reich.

① Suche aus dem Text die passenden Bildunterschriften und schreibe sie nieder.

### Führerkult
Da Hitler als Inhaber aller hohen Staatsämter und als oberster Führer der Staatspartei und aller NS-Organisationen keiner Kontrolle unterlag, versuchten die Nazis ihm Unfehlbarkeit anzudichten.

> **Rudolf Heß (Hitlers Stellvertreter, Rundfunkrede 1934):**
> „Mit Stolz sehen wir: Einer bleibt von aller Kritik ausgeschlossen, das ist der Führer. Das kommt daher, dass jeder fühlt und weiß: Er hat immer Recht und wird immer Recht haben ... in der stillschweigenden Ausführung seiner Befehle liegt unser aller Nationalsozialismus verankert ..."  /19\

② Welchen Zweck verfolgten die Nazis mit dem Führerkult?

**Hitler war in einer Person**

(Kreuzworträtsel mit Buchstaben: A A / E I / B E / H R / R R)

oberster

③ Fülle das Rätsel sinnvoll aus. Das Wort im gelben Feld ist das fehlende Wort in der folgenden Nazi-Losung.
„Du bist nichts, dein Volk ist ☐☐☐☐☐ !"

| Demokratie | Diktatur |
|---|---|
| Die Staatsgewalt geht vom Volke aus. | |
| Es wird von unten nach oben gewählt. | |
| Grundrechte sichern die persönliche Freiheit der Bürger. | |
| Jeder Bürger kann sich frei entfalten. | |

So sah das Ausland die Gleichschaltung des deutschen Volkes.

④ Ergänze die Übersicht.
⑤ Erkläre die nebenstehende Karikatur.

# Die NS-Propaganda manipuliert das Volk

„Propaganda, Propaganda, solange bis daraus ein Glaube wird und man nicht mehr weiß, was Einbildung und was Wirklichkeit ist."
(A. Hitler) /20/

Es sollte nur noch „Volksgenossen" mit einer einheitlichen Meinung geben. Die Presse und der Rundfunk sollten das Volk im Sinne der Nationalsozialisten beeinflussen. Joseph Goebbels bestimmte als Reichsminister für Volksaufklärung und Propaganda, welche Zeitungen erscheinen, welche Nachricht verbreitet, welche Filme gedreht werden, welche Massenveranstaltungen stattfinden sollten und vieles mehr. Wer Nachrichten aus dem Ausland hörte, wurde eingesperrt.

Reichsparteitag der NSDAP 1938 in Nürnberg

**Erfolge, die viele Deutsche für Hitler begeisterten, ein Hauptthema der Propaganda**

① Klebe unter die Bilder die dazu passenden Textkärtchen ein.
② Schreibe unter die Textkärtchen, was die Propaganda verschwieg.

| Es sollte die Leistungsfähigkeit der Arbeiter für den NS-Staat gestärkt werden. | Durch den Vertragsbruch stieg gegen Deutschland das Misstrauen im Ausland. | Ein Teil der Maßnahmen zur Arbeitsbeschaffung diente der Kriegsvorbereitung. |
|---|---|---|
| Diese Maßnahmen dienten zur Vorbereitung eines neuen Krieges. | „Großdeutschland" erweckte bei den Nachbarn Deutschlands Angst und Hass. | Erfolge im Sport und Massenveranstaltungen sollten vom Nazi-Terror ablenken. |

# Die Juden werden entrechtet, enteignet und verfolgt

## Sind Sie blond? Dann sind Sie Kultur-Schöpfer und Kultur-Erhalter!

In „Mein Kampf" schrieb Hitler auch seine Meinung über die Juden nieder. Er wollte ihre Rasse vernichten, weil sie minderwertig sei. Für ihn waren sie „Untermenschen" und sollten als Sündenböcke allen sichtbar dargestellt werden. Seiner Meinung nach hatten die Juden schlechtes und nur die nordischen „arischen" Menschen gutes Blut. Die Juden mit dem minderwertigen Blut sind schuld an allem Bösen und Schlechten. Deshalb müssen sie von den „arischen" Menschen aus „germanischem Bluterbe" vernichtet werden. Die Geschichte der Menschheit sei ein einziger „Rassenkampf", den die stärkere Rasse siegreich beenden werde. /21\

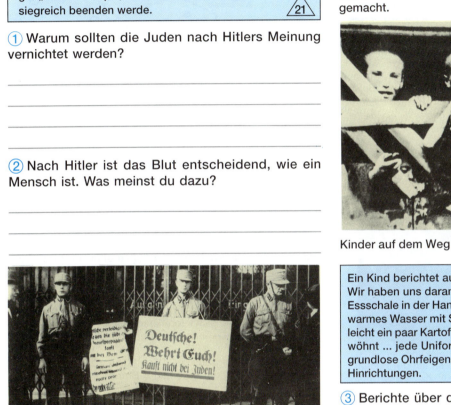

① Warum sollten die Juden nach Hitlers Meinung vernichtet werden?

___

② Nach Hitler ist das Blut entscheidend, wie ein Mensch ist. Was meinst du dazu?

___

Jüdische Kinder werden vor ihren Mitschülern verächtlich gemacht.

Kinder auf dem Weg in ein KZ

Ein Kind berichtet aus einem KZ:
Wir haben uns daran gewöhnt ... in langen Reihen mit der Essschale in der Hand zu warten, bis man uns ein bisschen warmes Wasser mit Salz- oder Kaffeegeschmack oder vielleicht ein paar Kartoffeln hineintut. Wir haben uns daran gewöhnt ... jede Uniform zu grüßen ... wir gewöhnen uns an grundlose Ohrfeigen, Misshandlungen und Hinrichtungen. /22\

③ Berichte über den Leidensweg jüdischer Kinder während der Nazizeit.

___

1. April 1933: Boykott jüdischer Geschäfte

### Verfolgung der Juden

Gleich nach der Machtübernahme im April 1933 wurde zum Boykott (Käuferstreik) jüdischer _____ aufgefordert. Deutsche sollten auch nicht zu _____ Ärzten und Rechtsanwälten gehen. Juden durften nicht _____ werden. 1935 verkündeten die sogenannten „Nürnberger Gesetze" das Verbot der _____ zwischen Juden und Deutschen. Den Juden wurden alle bürgerlichen und politischen _____ aberkannt. Im November 1938 stürmte die SA die Geschäfte, Büros und Synagogen (_____) der Juden, plünderte sie und legte zahlreiche Brände. Danach kamen über 20 000 Juden in _____. Wer noch frei war, musste auf seiner Kleidung einen gelben _____ tragen. Juden, die Deutschland verließen, mussten ihren Besitz und ihre _____ zurücklassen.

④ Setze in den Lückentext folgende Wörter richtig ein. Vermögen - Rechte - Beamter - Konzentrationslager - Gotteshäuser - Geschäfte - Judenstern - Ehen - jüdischen

⑤ Berichte über den Artikel 3,3 unseres Grundgesetzes. Warum wird dieser Artikel nicht von allen Bürgern beachtet?

# Die Juden werden planmäßig vernichtet

Anfang 1942 begann die planmäßige Vorbereitung zur „Endlösung der europäischen Judenfrage". Juden aus Deutschland und den besetzten Ländern Europas wurden in Konzentrationslagern zusammengetrieben, misshandelt und in Gaskammern umgebracht.

Aussagen des Kommandanten von Auschwitz, Rudolf Heß, im Prozess gegen die Hauptkriegsverbrecher:

„Ich befehligte Auschwitz vom 1. Mai 1940 bis zum 1. Dezember 1943 und schätze, dass mindestens 2 500 000 Opfer dort durch Vergasung und Verbrennung hingerichtet ... wurden; mindestens eine weitere halbe Million starben durch Hunger und Krankheit ... Ungefähr 400 000 ungarische Juden wurden allein in Auschwitz im Sommer 1944 von uns hingerichtet ... Die zur Vernichtung bestimmten Juden wurden ... zu den Krematorien geführt. Im Auskleideraum wurde ihnen ... gesagt, dass sie hier nun zum Baden und zur Entlausung kämen ... Nach der Entkleidung gingen die Juden in die Gaskammer, die ... völlig den Eindruck eines Baderaumes machte ... Die Tür wurde nun schnell zugeschraubt und das Gas sofort durch ... die Decke der Gaskammer in einem Luftschacht bis zum Boden geleitet ... Durch das Beobachtungsloch in der Tür konnte man sehen ... dass ungefähr ein Drittel sofort tot war ... In wenigen Minuten lagen alle. Nach spätestens 20 Minuten regte sich keiner mehr. Ich stellte damals keine Überlegungen an - ich hatte den Befehl bekommen - und hatte ihn durchzuführen ... Wenn der Führer selbst die „Endlösung" ... befohlen hatte, gab es für einen alten Nationalsozialisten keine Überlegungen, noch weniger für einen SS-Führer." /23\

Die Massentötungen der jüdischen Menschen geschah außerhalb Deutschlands

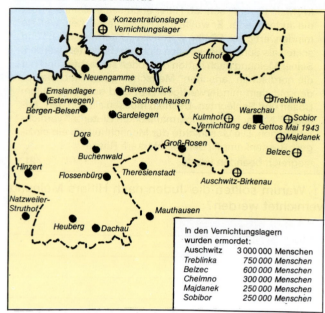

In den Vernichtungslagern wurden ermordet:
Auschwitz 3 000 000 Menschen
Treblinka 750 000 Menschen
Belzec 600 000 Menschen
Chelmno 300 000 Menschen
Majdanek 250 000 Menschen
Sobibor 250 000 Menschen

Selektion = Auslese auf der Rampe im KZ Auschwitz.

„Der Völkermord an den Juden ... ist beispiellos in der Geschichte. Die Ausführung des Verbrechens lag in der Hand weniger. Vor den Augen der Öffentlichkeit wurde es abgeschirmt. Aber jeder Deutsche konnte miterleben, was jüdische Mitbürger erleiden mussten, von kalter Gleichgültigkeit über versteckte Intoleranz bis zu offenem Hass. Wer konnte arglos bleiben nach den Bränden der Synagogen, den Plünderungen, der Stigmatisierung mit dem Judenstern, dem Rechtsentzug, den unaufhörlichen Schändungen der menschlichen Würde? Wer seine Augen und Ohren aufmachte, wer sich informieren wollte, dem konnte nicht entgehen, dass Deportationszüge rollten." (Richard von Weizsäcker)
Intoleranz = Unduldsamkeit - Deportation = zwangsweise Verschickung - Stigmatisierung = Brandmarkung /24\

① Warum hatte der Lagerkommandant keine Skrupel diese Grausamkeiten zu begehen?

② Warum wurden die Vernichtungslager außerhalb Deutschlands errichtet?

③ Viele Deutsche wollen vom Leiden ihrer jüdischen Mitbürger nichts gewusst haben. Nimm dazu Stellung.

④ Es gab sicherlich unter den Deutschen auch eine Menge Menschen, die mit der Behandlung der Juden durch die Nazi-Diktatur nicht einverstanden waren. Aber die meisten schwiegen. Warum?

⑤ Sage deine Meinung zum Verhalten der Deutschen, die heute auf jüdischen Friedhöfen Grabsteine umstürzen und mit Naziparolen beschmieren.

# Hitler entfesselt einen neuen Weltkrieg

## 1. Abmachungen mit anderen Ländern

1934 wurde mit Polen ein Nichtangriffspakt abgeschlossen. In einem Flottenabkommen mit England wurde festgelegt, dass die Flottenstärke Deutschlands und Englands im Verhältnis 1:3 gehalten werden sollte. Damit wollte Hitler der Welt seinen Friedenswillen beweisen. Italien wurde durch einen Freundschaftsvertrag zum Verbündeten Deutschlands. Im „Münchener Abkommen" duldeten italienische, französische und englische Staatsmänner, dass deutsche Truppen in das Sudetenland einmarschierten, weil sie Hitlers Friedensversprechungen glaubten und hofften, dass sie durch Zugeständnisse an Hitler einen neuen Krieg in Europa verhindern würden. 3,5 Mio. Sudetendeutsche sollten ihr Selbstbestimmungsrecht erhalten, das ihnen die Tschechen jahrelang verwehrt hatten.

Im August 1939 schloss Deutschland mit der Sowjetunion einen Nichtangriffsvertrag ab. In einem geheimen Zusatzvertrag war für den Kriegsfall die Aufteilung Polens festgelegt worden. Die Weichen waren nun auf einen Krieg mit Polen gestellt.

## 2. Ziele der NS-Außenpolitik

a) Aufhebung des Versailler Vertrages,
b) Schaffung eines Großdeutschen Reiches, in dem auch die Deutschen leben sollten, die außerhalb der Reichsgrenzen wohnten,
c) Erwerbung von neuem „Lebensraum" in Osteuropa.

## 3. Taten der Nationalsozialisten

Truppen der deutschen Wehrmacht auf der Mainzer Rheinbrücke

Deutsche Truppen marschieren in Österreich ein

① Fülle den Lückentext mit den Bezeichnungen in der Skizze aus.

1. 3.35  Nach einer Abstimmung wird das _____ mit Deutschland wieder vereinigt. Das fand noch in Übereinstimmung mit dem Versailler Vertrag statt.

7. 3.36  Hitler lässt deutsche Truppen in die entmilitarisierte Zone des _____ einziehen. Das war ein glatter Bruch des Versailler Vertrages und führte zum Protest der Westmächte.

12. 3.38  Deutsche Truppen rücken in _____ ein. Die Westmächte protestierten.

1.10.38  Deutsche Truppen marschieren unter Billigung der Westmächte ins _____ ein.

15. 3.39  Die Rest-Tschechei wird von deutschen Truppen besetzt und das Protektorat _____ errichtet

21. 3.39  Litauen tritt das _____ wieder an Deutschland ab.

Durch die Besetzung der Rest-Tschechei wurde das „Münchener Abkommen" gebrochen. Jetzt beendeten die Werstmächte ihre Friedens- und Ausgleichspolitik und gaben für Polen eine Garantieerklärung ab um es vor Hitler zu schützen.

Friedensversprechung Hitlers 1938 nach dem „Münchener Abkommen":

> „Ich habe nur weniges zu erklären: Ich bin Herrn Chamberlain* dankbar für alle Bemühungen. Ich habe ihm versichert, dass das deutsche Volk nichts anderes will als Frieden. Ich habe ihm weiter versichert und wiederhole es hier, dass es für Deutschland in Europa kein territoriales Problem (keine Gebietsforderungen) mehr gibt. – Wir wollen gar keine Tschechen".
>
> * englischer Staatsmann

Das „Großdeutsche Reich"

② Beurteile die „Friedensversprechungen" Hitlers.

③ Warum duldeten Großbritannien und Frankreich den Einmarsch deutscher Truppen in das Sudetenland?

④ Welchen Zweck verfolgte der Zusatzvertrag im Nichtangriffspakt zwischen Deutschland und der Sowjetunion?

⑤ Male die Gebiete farbig aus, von denen im Text die Rede ist.

# Viele Völker werden von deutschen Truppen überfallen

Schon in seinem Buch „Mein Kampf" hatte Hitler das Ziel des Angriffs auf die Sowjetunion formuliert:

> „... Wenn uns der Ural mit seinen unermesslichen Rohstoffschätzen und die sibirischen Wälder zur Verfügung stehen, und wenn die endlosen Weizenfelder der Ukraine zu Deutschland gehören, wird unser Land im Überfluss schwimmen." 26

Sondereinheiten der SS, der Polizei und der Partei unterdrückten die Bevölkerung in den besetzten Gebieten. Besonders schlimm traf es die Ostgebiete. Die jüdische Bevölkerung wurde planmäßig ausgerottet. Millionen von „Ostarbeitern" wurden für den Arbeitseinsatz in Deutschland zwangsrekrutiert. Dies führte zwangsläufig zum Widerstand der Zivilbevölkerung gegen die deutsche Besatzung.

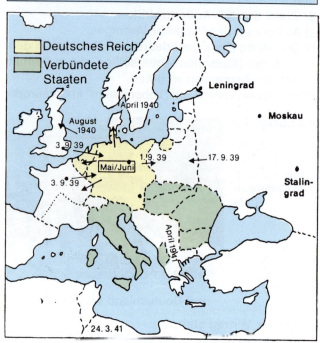

① Male die Gebiete farbig aus, die von deutschen Truppen bis zum April 1941 besetzt worden sind. (Nimm den Atlas zu Hilfe.)

Von Deutschland und seinen Verbündeten besetzte Gebiete 1942.

② Die wichtigsten Kriegsereignisse sind auf Textkärtchen beschrieben. Schneide sie aus und ordne sie richtig ein. Die obere Skizze hilft dir dabei.

③ Welche Kriegsziele verfolgten die Nationalsozialisten?

Beginn des Krieges

Ausdehnung des Krieges

Überfall auf die Sowjetunion

Kriegserklärung an die USA

Wendepunkt des Krieges

Bombenkrieg

# Der Zweite Weltkrieg endet mit der totalen Niederlage Deutschlands

Am 25. September 1944 wurde durch einen Erlass des „Führers" der Volkssturm gebildet.
„Es ist in den Gauen des Großdeutschen Reiches aus allen waffenfähigen Männern im Alter zwischen 16 und 60 Jahren der deutsche Volkssturm zu bilden. Er wird den Heimatboden mit allen Waffen und Mitteln verteidigen." /27\

Durchhalteparolen sollten die Opferbereitschaft für „Führer, Volk und Vaterland" verstärken:
„Kampf bis zum ruhmreichen Untergang!"
„Du bist nichts, dein Volk ist alles!"
„Getreu bis zum Tod!"
„Unsere Ehre heißt Treue!"
„Deutschland muss leben, und wenn wir sterben müssen!"

Nach der Niederlage von Stalingrad sprach Goebbels in einer Massenveranstaltung in Berlin vor ausgesuchten und nach Berlin abkommandierten Gefolgsleuten Hitlers. Durch den Rundfunk hörten viele Deutsche mit. Wenn er seine Fragen stellte: „Wollt ihr den totalen Krieg? Wollt ihr Kanonen statt Butter?" erscholl jedes Mal ein stürmisches Ja- und Heil-Hitler-Rufen. Jetzt wurden die letzten Reserven für den Krieg mobilisiert. Gegen die Wirtschaftsmacht ihrer Gegner, vor allem der USA, hatte Deutschland keine Chance. Im Januar 1945 erfolgte der sowjetische Vorstoß nach Deutschland hinein. Im März stießen die Briten und Amerikaner über den Rhein weiter vor. Hitler beging im April Selbstmord. Im Mai erfolgte die bedingungslose Kapitulation Deutschlands.

Russische Bauern fliehen aus ihrem brennenden Dorf

Sinnlose Opferung von Sechzehnjährigen, als der Krieg längst verloren war.

Im Zweiten Weltkrieg kamen weit mehr Menschen ums Leben als in jedem _____ zuvor. Die Zahl der _____ wird nie genau zu ermitteln sein. Während des Krieges wurden Millionen von Menschen aus den besetzten Gebieten zur _____ nach Deutschland geschleppt. Millionen von Menschen wurden erschossen oder in den _____ umgebracht. Millionen sind durch Kriegshandlungen oder auf der _____ umgekommen. Unübersehbar war die Zahl der Schwerverwundeten.

① Setze die folgenden Lückenwörter sinnvoll ein. Konzentrationslagern - Flucht - Krieg - Toten - Zwangsarbeit

**Bomben über Deutschland**
(Bericht über die Großangriffe auf Hamburg 1943)
Das Feuer hatte sich zu einem Orkan entwickelt, der das Betreten des Freien meist unmöglich machte. Der über viele Quadratkilometer tobende Feuersturm hatte unzählige Menschen rettungslos eingeschlossen ... Kinder wurden durch die Gewalt des Orkans von der Hand der Eltern gerissen und ins Feuer gewirbelt. Menschen, die sich gerettet glaubten, fielen vor der alles vernichtenden Gewalt der Hitze um und starben in Augenblicken. /28\

② Gib die (geschätzte) Zahl der gesamten Menschenopfer an.
Vervollständige mit den (geschätzten) Zahlen die Grafik. ▦ = 1 Mio. Opfer

|  | Getötete Soldaten | Getötete Zivilisten | Menschenopfer insgesamt |
|---|---|---|---|
| Frankreich | 250 000 | 350 000 |  |
| Deutschland | 3 500 000 | 3 000 000 |  |
| Italien | 330 000 | 80 000 |  |
| Japan | 1 200 000 | 3 260 000 |  |
| Großbrit. | 440 000 | 62 000 |  |
| Polen | 320 000 | über 5 000 000 |  |
| Jugoslawien | insges. über 1 000 000 |  |  |
| USA | 300 000 |  |  |
| UdSSR | 6 500 000 | über 12 Mio. |  |
| Summe |  | /29\ |  |

(Grobe Schätzungen, Angaben nach: Parker, a.a.O., S. 350, dtv-Lexikon, München 1968, Bd. 20, S. 101)

③ Sammle Zeitungsartikel über kriegerische Auseinandersetzungen der Gegenwart.
④ Berichte über Maßnahmen der Großmächte zur Verhinderung eines Krieges.

# Deutsche Widerstandsgruppen kämpfen gegen die Gewaltherrschaft

Während der gesamten Regierungszeit Hitlers hat es Menschen in Deutschland gegeben, die dem Diktator Widerstand leisteten. Zunächst waren es nur geheime Verschwörungen aus den verschiedensten Volksschichten oder das Aufbäumen einzelner Personen, die dann fast immer ein Opfer der Gestapo wurden. Doch seit September 1938 und vor allen Dingen als die Invasion gelungen und der Krieg praktisch verloren war, entstanden immer größere Widerstandsgruppen, besonders in den Reihen der hohen Führung der Wehrmacht.

Generalstabschef Beck
1880–20.7.1944 – Selbstmord

Geschwister Scholl
1921–22.2.1943 – hingerichtet

Oberbürgermeister Goerdeler
1884–2.2.1945 – hingerichtet

Rechtsanwalt von Moltke
1907–23.1.1945 – hingerichtet

① Auf dem Ausschneidebogen findest du auf Textkärtchen weitere Informationen über die Widerstandskämpfer.

## Widerstand aus der Arbeiterbewegung

Kommunisten, Sozialdemokraten und Gewerkschaftsfunktionäre, die den Verfolgungen entgangen waren und nicht ins Ausland gingen, kämpften aus dem Untergrund heraus. In kleinen Gruppen wagten sie es immer wieder eine Flut von Flugblättern und Zeitschriften mit der Aufforderung zum Widerstand zu verteilen. Mit den Methoden der Bespitzelung und Folterung gelang es der Gestapo viele dieser Gruppen zu vernichten.

## Widerstand beider christlichen Konfessionen

In Predigten und Hirtenbriefen verurteilten viele katholische und evangelische Geistliche die Tötung von geistig und körperlich kranken Menschen. Sie verurteilten auch die Rassenpolitik, die Willkür der Gestapo, die Greueltaten in den Konzentrationslagern und die Judenverfolgungen. Obwohl Hitler die Kirchen als unversöhnliche Gegner ansah, schreckte er doch vor allzu harten Maßnahmen zurück. Trotzdem fanden viele Geistliche in den KZ's den Tod.

② Welche Gründe kann es gegeben haben, dass der Widerstand der einzelnen Gruppen nicht zu einem Volksaufstand führte?

## Die Edelweißpiraten

Als Nachrichten von den Völkermorden durchsickerten, und als nach der verlorenen Schlacht von Stalingrad die Niederlage drohte, verstärkte sich in Deutschland der Widerstand in allen Bevölkerungsgruppen. Auch viele Jugendliche schlossen sich heimlich in Gruppen zusammen. In Köln nannten sie sich „Edelweißpiraten". Sie übten Sabotage an Einrichtungen der Nazis, versteckten Juden und Zwangsarbeiter und verteilten Flugblätter.

③ Versuche zu erklären, warum Jugendliche trotz Androhung härtester Strafen so handelten.

Aus dem letzten Flugblatt der „Weißen Rose", 18. Februar 1943:

> „Erschüttert steht unser Volk vor dem Untergang der Männer von Stalingrad ... Es gärt im deutschen Volk: ... Wollen wir den niederen Machtinstinkten einer Parteiclique den Rest der deutschen Jugend opfern? Nimmermehr! ... Im Namen der deutschen Jugend fordern wir vom Staat Adolf Hitler die persönliche Freiheit, das kostbarste Gut des Deutschen, um das er uns in der erbärmlichsten Weise betrogen (hat) ...
> Unser Volk steht im Aufbruch gegen die Verknechtung Europas durch den Nationalsozialismus ..."

④ Wie schätzen die Verfasser des Flugblattes die Lage in Deutschland Anfang 1943 ein? Unterstreiche.

⑤ Was erhofften sie von ihrem Appell an die Jugend?

# Die Gewaltherrschaft kann gewaltsam beseitigt werden

**Der Plan der Verschwörer des 20. Juli**
Als immer deutlicher wurde, dass Deutschland den Krieg verlieren würde, plante eine Verschwörergruppe von Offizieren, Politikern und ehemaligen Gewerkschaftlern einen Staatsstreich. Man wollte Hitler gewaltsam beseitigen und so Deutschland vor der vollkommenen Vernichtung retten. „Als Sofortmaßnahmen waren u.a. vorgesehen: (1) Militärische Besetzung der Anlagen des Post-Wehrmacht-Nachrichtennetzes, vor allem der Rundfunksender. (2) Verhaftung sämtlicher Gauleiter, Reichsstatthalter, Minister, höherer SS- und Polizeiführer, Gestapoleiter und Leiter der SS-Stellen. (3) Besetzung der Konzentrationslager. (4) Verhaftung der sich widersetzenden oder ungeeigneten Führer der Waffen-SS. (5) Schließung der Dienststellen der Partei und ihrer Gliederungen." /31\

Graf von Stauffenberg

Am 20. Juli 1944 legte der Oberst Graf von Stauffenberg im Hauptquartier eine Bombe. Das Attentat misslang. Hitler wurde kaum verletzt. Außer den etwa 200 Hauptbeteiligten wurden bis zum Ende des Krieges noch annähernd 5 000 weitere Mitverschworene verhaftet und abgeurteilt.

① Schreibe die Namen der Widerstandskämpfer in die Kästchen.

1 Leiter einer Widerstandsgruppe
2 Maßgebliches Haupt der Verschwörung
3 Er legte am 20. Juli 1944 die Bombe
4 Politiker der Verschwörung des 20. 7. 1944
5 Sie waren junge Studenten

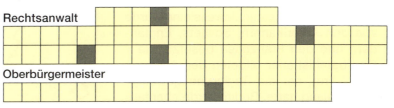

② Berichte auf einem Zusatzblatt über die Anwendung von Gewalt in der politischen Auseinandersetzung der Gegenwart.

## Wann ist gewaltsamer Widerstand berechtigt?

Wenn der staatliche Gewalthaber (Diktator, Alleinherrscher)
- planmäßig Leben, Freiheit und Eigentum der Bürger bedroht und vernichtet ○ TY
- zu wenig gegen die Arbeitslosigkeit unternimmt ○ UN
- das Volk von der Bildung des Staatswillens ausschließt ○ RAN
- die Polizei einsetzt um unerlaubte Demonstrationen zu verhindern ○ ER
- die Bürger zur Sklavenarbeit zwingt ○ NEN
- im Wahlkampf für seine Partei wirbt und die Gegner beschimpft ○ TR
- Gewalt und Gesinnungszwang übt ○ MA
- unfähig ist die Geschicke des Staates zu leiten ○ ÄG
- eine Atmosphäre des Schreckens, der Furcht, der Drohung und lügnerischen Hetze schafft um seine Gewalt aufrecht zu erhalten ○ CHT
- Atom- und Kohlekraftwerke bauen lässt um die Stromversorgung zu sichern /32\ ○ LICH

③ Kreuze richtig an. Die richtig angekreuzten Buchstaben ergeben das erste, die nicht angekreuzten das zweite fehlende Wort in den Ausführungen von Friedrich von Schiller.

„Nein, eine Grenze hat ▢▢▢▢▢▢▢▢▢▢▢▢ : wenn der Gedrückte nirgends Recht kann finden, wenn ▢▢▢▢▢▢▢▢▢▢▢ wird die Last - greift er hinauf getrosten Mutes in den Himmel und holt herunter seine ew'gen Rechte, die droben hangen unveräußerlich ... Der Güter höchstes dürfen wir verteid'gen gegen Gewalt - ..."

④ Welche der folgenden Verhaltensweisen ist die demokratischste? Verhalten bei Auseinandersetzungen:
1. Du gibst nach und tust, was die anderen wollen, selbst unter Verzicht auf eigene Rechte. ▢
2. Du setzt deinen Willen durch und kämpfst mit allen Mitteln ohne Rücksicht auf Verluste. ▢
3. Du suchst nach einem Ausgleich (Kompromiss), d.h. jeder gibt in seinen Forderungen etwas nach. ▢

⑤ Berichte über Mittel „friedlicher" politischer Auseinandersetzung.
⑥ Warum kann in einem totalen Herrschaftssystem Gewaltanwendung notwendig werden?
⑦ Welche Meinung hast du zu Gewaltanwendungen bei politischen Auseinandersetzungen in unserem Staat?

# Deutschland wird aufgeteilt

In der Nacht vom 8. zum 9. Mai 1945 unterzeichneten die Vertreter des Oberkommandos der deutschen Wehrmacht in Berlin die bedingungslose Kapitulation der deutschen Streitkräfte.

Damit war für Deutschland der 2. Weltkrieg beendet. Ganz Deutschland wurde von Truppen der Siegermächte besetzt. Es gab keine deutsche Regierung mehr, keine Polizei, keine Behörden. Alle Staatsgewalt wurde durch die Militärregierungen der Besatzungsmächte ausgeübt. Der deutsche Staat bestand nicht mehr.

### Die Potsdamer Konferenz

Im Juli/August 1945 trafen sich die führenden Männer der Siegermächte in Potsdam um über Deutschlands Schicksal zu entscheiden. Deutschland wurde in 4 Besatzungszonen aufgeteilt. Jeweils eine wurde von den Amerikanern, Sowjets, Engländern und den Franzosen besetzt. Die 4 Oberbefehlshaber bildeten den Alliierten Kontrollrat, der die Regierungsgewalt in Deutschland hatte. Berlin wurde ebenfalls in 4 Sektoren geteilt. Um Kriegsschäden wieder gutzumachen mussten sogenannte Reparationen an die Alliierten gezahlt werden. Außerdem wurden die deutschen Gebiete östlich von Oder und Neiße und der südliche Teil Ostpreußens bis zu einem Friedensvertrag unter polnische Verwaltung gestellt. Der nördliche Teil Ostpreußens kam unter die vorläufige Verwaltung der Sowjetunion. Die Deutschen, die dort lebten, wurden aus dem Land vertrieben. Deutschland sollte ein demokratischer und friedlicher Staat werden.

① Was war das Hauptziel der Alliierten? Unterstreiche im Quellentext die Stellen, die darüber Auskunft geben.

② Was sagt der Quellentext über den staatlichen Neuaufbau in Deutschland?

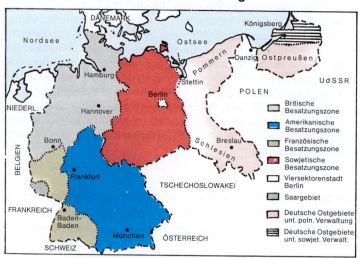

Deutschland nach dem 2. Weltkrieg

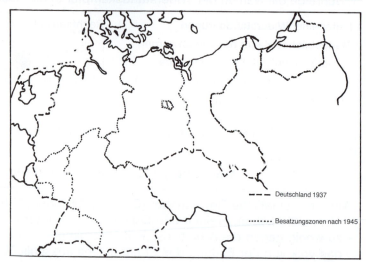

③ Male das nach dem 2. Weltkrieg aufgeteilte Deutschland mit verschiedenen Farben aus: Die Zeichnung oben hilft dir.

In der Abschlusserklärung der Potsdamer Konferenz 1945 hieß es:

„Der deutsche Militarismus und Nazismus werden ausgerottet, und die Alliierten treffen nach gegenseitiger Vereinbarung in der Gegenwart und in der Zukunft auch andere Maßnahmen, die notwendig sind, damit Deutschland niemals mehr seine Nachbarn oder die Erhaltung des Friedens in der ganzen Welt bedrohen kann. Es ist nicht die Absicht der Alliierten das deutsche Volk zu vernichten oder zu versklaven. Die Alliierten wollen dem deutschen Volk die Möglichkeit geben sich darauf vorzubereiten sein Leben auf einer demokratischen und friedlichen Grundlage von neuem wieder aufzubauen."

④ Schau nach, was zusammen gehört. Schreibe die richtigen Ziffern in die Kästchen.

| | | |
|---|---|---|
| Potsdam | A | 1) In 4 Sektoren geteilte Hauptstadt Deutschlands. |
| Besatzungszonen | B | 2) Hatte die Regierungsgewalt in Deutschland. |
| Alliierter Kontrollrat | C | 3) Vertriebene aus den deutschen Ostgebieten. |
| Berlin | D | 4) Flusslinie, Grenzlinie der deutschen Ostgebiete. |
| Oder-Neiße-Linie | E | 5) Konferenzort, hier wurde über Deutschland entschieden. |
| Flüchtlinge | F | 6) Name für die 4 Teile Deutschlands. |

# Die Not der ersten Nachkriegsjahre

## Die zerstörten Städte

Der Krieg hatte Deutschland in ein Trümmerfeld verwandelt. Wie es z.B. in Köln aussah, zeigen uns das Foto und der Bericht von Konrad Adenauer, der Kölns erster Oberbürgermeister nach dem Kriege war und später erster deutscher Bundeskanzler wurde.

① Lies den Text über die Stadt Köln. Beantworte die Fragen. (Nimm ein Zusatzblatt.)

> Konrad Adenauer, Erinnerungen 1945 - 1953, Stuttgart (1965), o.J.
>
> Das Bild der zerstörten Stadt Köln war erschütternd. Das Ausmaß des Schadens, den die Stadt durch die Luftangriffe und durch weitere Auswirkungen des Krieges erlitten hatte, war ungeheuerlich. Von den Häusern und öffentlichen Gebäuden waren über die Hälfte völlig und fast alle anderen teilweise zerstört. Nur 300 Häuser waren unbeschädigt geblieben ... Es gab kein Gas, kein Wasser, keinen elektrischen Strom. Außerdem gab es keine Verkehrsmittel. Die Brücken über den Rhein waren zerstört. Schutt lag in den Straßen meterhoch. Überall erhoben sich riesige Geröllhalden von den zerbombten und zusammengeschossenen Gebäuden. Die Menschen wohnten notdürftig in den Kellern zerbombter Häuser. Gekocht wurde auf primitiv aus Ziegeln zusammengebauten Feuerstellen. Wasser wurde mit Eimern und Blechnäpfen an den wenigen Pumpen, die heilgeblieben waren, geholt. /34\

Köln 1945

② Wodurch war die Stadt Köln zerstört?
③ Wie groß war das Ausmaß der Zerstörung?
④ Was sagt der Bericht über die Versorgung mit Gas, Wasser, Strom?
⑤ Wie bzw. wo wohnten und lebten die Menschen?
⑥ Wie in Köln, so sah es in vielen Orten Deutschlands aus. Erkundige dich bei deinen Eltern bzw. Großeltern, wie es in deinem Heimatort aussah.

## Die Hungersnot

Von 1945 - 1948 war der Hunger das Hauptproblem der Bevölkerung. Zeitweilig mussten die Menschen mit 800 Kalorien täglich leben, das ist nur ein Drittel des normalen Nahrungsbedarfs. 1946 starb in der amerikanischen und französischen Besatzungszone jeder dritte Säugling an Unterernährung.

⑦ Lass dir von deinen Angehörigen von der „Hungerzeit" erzählen. Erkläre dazu die nebenstehenden Begriffe. Wenn du es nicht genau weißt, nimm die Textkärtchen zu Hilfe. (Ausschneidebogen)

|  | |
|---|---|
| Lebensmittelmarken | |
| Schulspeisung | |
| Care-Pakete | |
| Schwarzer Markt | |
| Hamsterfahrten | |

# Flucht und Vertreibung

Viele Menschen mussten schon während des Krieges ihre Heimat verlassen. So flohen vor den angreifenden deutschen Armeen vor allem in Polen, Frankreich und in der Sowjetunion Millionen von Menschen. Sie kehrten später in ihre Heimat zurück.

Als am Ende des Krieges die deutschen Truppen geschlagen waren, ging es umgekehrt. Viele Millionen Deutsche verließen ihre ostdeutsche Heimat. Sie flüchteten vor den angreifenden sowjetischen Armeen nach Westen.

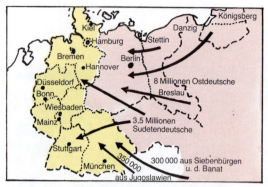

Der Flüchtlingsstrom aus dem Osten

## Die Vertreibung der Deutschen

Nach den Beschlüssen von Potsdam begann in den deutschen Ostgebieten eine rücksichtslose Vertreibung der Deutschen. Insgesamt 14 Millionen Menschen mussten ihre Heimat verlassen. Sie durften von ihrem Besitz nur das mitnehmen, was sie tragen konnten, und auch dieses wurde ihnen häufig fortgenommen. Zusammengepfercht in Güterzügen oder in langen Kolonnen machten sie sich auf den Weg. Fast 2 Millionen von ihnen haben die Strapazen nicht überlebt. Sie sind verhungert oder an Erschöpfung gestorben.

Menschen auf der Flucht

① Beschreibe das Bild.

② Sie in der Karte nach, aus welchen Gebieten die Flüchtlinge kamen.

③ Man sagt: Das Leid und das Unrecht, das die Deutschen im Krieg vielen Völkern angetan haben, schlugen nach dem Krieg auf die Deutschen zurück.

Versuche diese Aussage zu erklären.

___

___

___

> **Der Bericht einer Frau aus Sorau in Brandenburg:**
> „Am 23. Juni 1945 wurden wir nun vollkommen überraschend binnen zehn Minuten aus Polen ausgewiesen. Mir ließen sie wie allen genau zehn Minuten Zeit. Ich konnte nur bloß mein einjähriges Enkelkind die drei Treppen herunterschleppen, danach den Kinderwagen, den sie auch schon teilweise ausgeplündert hatten, dann für den Kleinen heimlich einige Lebensmittel aus den Verstecken holen ... So trat ich meinen Marsch auf die Landstraße an. Es war ein Elendszug, denn Züge gingen ja nicht, und so zogen, man kann wohl sagen, drei Monate lang die Ausgewiesenen Schlesiens und Ost-Brandenburgs auf diesen Landstraßen entlang; Kinderwagen, Leiterwagen, Schiebkarren, Sportwagen, man sah die unmöglichsten Gefährte. Von 4.00 bis abends 7.00 Uhr durfte man auf den Landstraßen bleiben, dann schlief man entweder im Walde, in schmutzigen Scheunen und leeren Wohnungen ... Als wir dann über die Neiße waren, wo wir noch einmal ganz gründlich von Polen nach Schmuck und Wertsachen untersucht wurden, und nach Cottbus kamen, hofften wir, dass sich nun irgendeine Behörde unserer annehmen würde. Aber Fehlanzeige. Man gab uns keine Lebensmittelkarten, und das große Hungern begann. Es war ja damals auch technisch unmöglich die Massen der Vertriebenen zu ernähren, denn täglich kamen mindestens drei Monate lang 2 000 Vertriebene durch Cottbus ..."
> /35\

Über die Ausweisung der Deutschen aus Polen, aus der Tschechei und aus Ungarn wurde vereinbart:

> „Die drei Regierungen haben die Frage der Ausweisung unter allen Gesichtspunkten beraten und erkennen an, dass die Überführung der deutschen Bevölkerung ... die in Polen, der Tschechoslowakei und Ungarn zurückgeblieben ist, nach Deutschland durchgeführt werden muss. Sie stimmen darin überein, dass jede derartige Überführung, die stattfinden wird, in ordnungsgemäßer und humaner Weise erfolgen soll."
> /36\

Der Quellentext 36 gibt Auskunft darüber, in welcher Weise die Ausweisung der Deutschen aus den Ostgebieten vor sich gehen sollte.

④ Unterstreiche diese Textstellen.

⑤ Vergleiche diese Anordnung der Siegermächte mit der Aussage der Frau aus Sorau.

___

___

___

## Die ersten Maßnahmen der Besatzungsmächte

① Die ersten Maßnahmen der Besatzungsmächte in Deutschland waren Entnazifizierung, Entmilitarisierung und Demontage. Textkärtchen erklären dir, was man darunter versteht. Klebe sie entsprechend ein.

| Entnazifizierung | Entmilitarisierung | Demontage |
|---|---|---|
|  |  |  |

General Eisenhower, der Oberbefehlshaber der alliierten Streitkräfte, erklärte am 12. Juni 1945:

> „Russland, Großbritannien und die Vereinigten Staaten sind zweifellos entschlossen es Deutschland für alle Zeiten unmöglich zu machen wieder einen Krieg zu führen, und damit ergeben sich zwangsläufig Vorsichtsmaßnahmen, die Deutschland aus der Reihe der großen Industriestaaten ausschalten." /37\

② Wie wollten die Siegermächte erreichen, dass Deutschland keinen Krieg mehr führen kann?

Angeklagte im Nürnberger Hauptkriegsverbrecherprozess

**Strafe für ein ganzes Volk?**
Aufruf des britischen Militärgouverneurs Montgomery an die deutsche Bevölkerung (10. 6. 1945):
Ihr habt euch oft gewundert, warum unsere Soldaten euch gar nicht beachten, wenn ihr ihnen zuwinkt oder auf der Straße guten Morgen wünscht und warum sie nicht mit euren Kindern spielen. Unsere Soldaten handeln gemäß ihren Befehlen ... ... der Befehl war notwendig, und ich will euch erklären, warum.
... Unsere Soldaten haben schreckliche Dinge in vielen Ländern gesehen, wo eure Beherrscher Krieg führten. Ihr denkt, dass nicht ihr, sondern eure Führer für diese Dinge verantwortlich sind. Aber diese Führer sind aus dem deutschen Volk gewachsen. Die Nation ist verantwortlich für ihre Führer. ... Das ist der Grund, weshalb unsere Soldaten sich nicht freundlich gegenüber euch verhalten.
Wir haben dies befohlen, um euch, eure Kinder und die ganze Welt vor einem neuen Krieg zu bewahren. Dies wird nicht stets so bleiben, ...
Aber es ist unser Ziel das Übel des nationalsozialistischen Systems zu zerstören. Es ist noch zu früh um gewiss zu sein, dass wir dieses Ziel erreicht haben. Ihr sollt dies euren Kindern vorlesen, wenn sie alt genug sind, und dazu sehen, dass sie es verstehen.
*Feldmarschall Bernhard L. Montgomery* /38\

### Israel will 43 000 Nazi-Akten bei der UNO einsehen  TEL AVIV (rtr), Mai 1986

Israel will sich nach den Worten seines UNO-Botschafters Netanjahu bei den Vereinten Nationen in New York um die Akten von rund 43 000 ehemaligen Nazis bemühen, die dort in der sogenannten Kriegsverbrecher-Kartei eingelagert sind. Wie der Botschafter erklärte, sei er bei der Suche nach der Akte des ehemaligen UNO-Generalsekretärs und heutigen österreichischen Präsidentschaftskandidaten Waldheim auch auf die Dossiers* über „tausende ehemalige Nazis gestoßen, die niemals vor Gericht gestellt worden sind." Die Kriegsverbrecherkartei wird von der UNO unter strengsten Sicherheitsvorkehrungen gehütet

* Dossiers = Aktenhefte, Aktenbündel

In der Bundesrepublik Deutschland und in der DDR haben noch viele Jahre nach Kriegsschluss Prozesse gegen Naziverbrecher stattgefunden. Einige dieser Prozesse sind bis heute noch nicht abgeschlossen.

③ Lies den Zeitungsausschnitt von Mai 1986. Warum will Israel Einblick in die Kriegsverbrecherkartei bei der UNO haben?

④ Wie verhielten sich die britischen Besatzungstruppen der deutschen Bevölkerung gegenüber? Unterstreiche im Quellentext 38 den entsprechenden Text.

⑤ Wie begründet Montgomery das Verhalten der britischen Truppen? Kennzeichne die Textstellen, die darüber Auskunft geben, mit einem Farbstift.

⑥ Die Besatzungsmächte wollten das nationalsozialistische System in Deutschland zerstören. Haben sie ihr Ziel erreicht? Äußere dich dazu.

# Spannungen zwischen den Besatzungsmächten

## Uneinigkeit in der Deutschlandpolitik

In Potsdam hatten sich die Siegermächte geeinigt Deutschland gemeinsam zu verwalten. Aber schon bald zeigte es sich, dass die Westmächte und die Sowjetunion verschiedene Vorstellungen von der Zukunft Deutschlands hatten. Die Westmächte wollten aus Deutschland einen demokratischen Staat nach westlichem Vorbild machen. Die Sowjets wollten ihre Besatzungszone in Deutschland kommunistisch machen. Darum riegelten sie die Ostzone immer mehr von den übrigen Besatzungszonen ab. Die gemeinsame Besatzungspolitik zerbrach nach und nach, und die Westmächte gingen in der Deutschlandpolitik ihre eigenen Wege.

Über die gemeinsame Deutschlandpolitik sagte der amerikanische Politiker Kennan 1945:

> Die Idee, Deutschland gemeinsam mit den Russen regieren zu wollen, ist ein Wahn ...
> Wir haben keine andere Wahl, als unseren Teil von Deutschland ... zu einer Form von Unabhängigkeit zu führen, die so befriedigend ist, so gesichert, so überlegen ist, dass der Osten sie nicht gefährden kann ...
> /39

① Was sagt Kennan über die Möglichkeit Deutschland gemeinsam mit den Russen zu regieren?

Am 12. März 1947 verkündete der amerikanische Präsident Truman eine neue Außenpolitik der Amerikaner:

> Es muss, glaube ich, der außenpolitische Grundsatz der Vereinigten Staaten werden allen Völkern, deren Freiheit ... durch einen von außen ausgeübten Druck bedroht wird unseren Beistand zu leihen.
> Unter einem solchen Beistand verstehe ich vor allem wirtschaftliche und finanzielle Hilfe zur Herstellung geordneter politischer und wirtschaftlicher Verhältnisse.
> /40

② Wem wollten die Amerikaner helfen?

③ Worin sollte die amerikanische Hilfe bestehen?

④ Was sollte mit der Hilfe erreicht werden?

## Der Marshall-Plan

Um den vom Krieg zerstörten Ländern Europas zu helfen entwarf der amerikanische Außenminister Marshall ein Hilfsprogramm. Danach liehen die Amerikaner den europäischen Ländern große Geldsummen für den Ankauf von Maschinen und Rohstoffen in Amerika. Nur ein Drittel der geliehenen Gelder mussten zurückgezahlt werden.

⑤ Wozu wurde die Marshall-Plan-Hilfe in Westdeutschland benutzt?

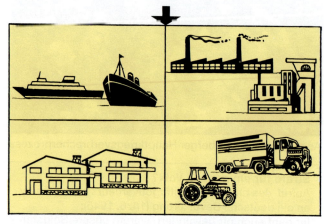

⑥ Die Amerikaner boten auch den osteuropäischen Ländern und der sowjetischen Besatzungszone in Deutschland die Aufbauhilfe an. Die Sowjets verboten aber die Annahme dieser Hilfe. Was könnte sie dazu bewogen haben?

Kreuze an, was dir zutreffend erscheint.

| Die Sowjets wollten den Osteuropäern selbst helfen. | |
|---|---|
| Die Sowjets befürchteten, dass Amerika in Osteuropa großen Einfluss gewinnen könnte. | |
| Sie glaubten, dass aus der wirtschaftlichen Zusammenarbeit politische Freundschaft werden könnte. | |

# Zweierlei Geld in Deutschland

In Deutschland gab es nach dem Krieg viel Papiergeld und wenig Ware. Die alte Reichsmark war nichts mehr wert. (Auf dem „Schwarzen Markt" kostete eine Zigarette 6 Mark, ein Brot 60 Mark.) Niemand wollte das wertlose Geld annehmen. Wer Waren hatte, tauschte sie lieber gegen andere Waren. Um diese zerrütteten Finanzen neu zu ordnen wurde am 20. Juni 1948 in den 3 Westzonen die Währungsreform durchgeführt. An die Stelle der Reichsmark trat die „Deutsche Mark".

**Am Tag danach**
Am nächsten Morgen trauten sie ihren Augen nicht: Siehe da, die Heinzelmännchen hatten den Tisch gedeckt. In den Schaufenstern und Regalen der Geschäfte türmten sich die Waren geradezu. Kochtöpfe, Fahrräder, Schnürsenkel, Glühbirnen, Dinge, für die man früher von Geschäft zu Geschäft gelaufen war und doch vergeblich, alles war plötzlich wieder da.
Und die Händler ... bedienten wieder freundlich und zuvorkommend. Es war wie im Märchen, ein Wunder war geschehen. /41/

Sowjetanordnung:
19. Juni 1948
Die in den westlichen Besatzungszonen Deutschlands herausgegebenen Geldscheine sind für den Umlauf in der sowjetischen Besatzungszone Deutschlands und im Gebiet Groß-Berlins, das sich in der sowjetischen Besatzungszone Deutschlands befindet, ... nicht zugelassen. /42/

**Die Blockade Berlins**
Als die Währungsreform auch in den Westsektoren Berlins durchgeführt wurde, verhängten die Sowjets im Juni 1948 eine Blockade über Berlin. Die Zufahrtswege wurden gesperrt, sodass weder Lebensmittel noch andere Güter nach Berlin kamen. Doch Amerikaner und Briten versorgten Berlin mit Flugzeugen über die sogenannte Luftbrücke. Im Mai 1949 gaben die Sowjets daher ihre Blockade auf.

Es kam zum Streit um Berlin, als _____

Bei der Berlinblockade wurden _____, sodass weder _____

Auf dem Luftweg wurde Berlin von _____ versorgt.

10 Reichsmark waren jetzt nur noch 1 „Deutsche Mark" wert. Jeder Deutsche in den Westzonen erhielt als Startkapital 40 DM. Die Spargutheben wurden im Verhältnis 100 Reichsmark zu 6,50 Deutsche Mark umgestellt.
Die Sowjets beantworteten die Maßnahmen der Westmächte mit einer eigenen Währungsreform in ihrer Zone. Von jetzt an gab es in Deutschland DM West und DM Ost.

① Warum gab es 1948 in Westdeutschland eine Währungsreform? Unterstreiche die Textstellen, die Auskuft darüber geben.

Die alte Mark hieß _____

Die neue Mark heißt _____

Das alte Geld wurde gegen das neue im Verhältnis _____ umgetauscht.

② Erzähle, wie sich die Währungsreform auf das Warenangebot auswirkte. Begründe.

③ Konnte man mit der neuen DM West auch in der Sowjetzone bezahlen?

④ Erkundige dich, ob es heute immer noch zweierlei Geld in Deutschland gibt.

**Die 4 Berliner Sektoren**

1 Amerikanische Zone
2 Britische Zone
3 Französische Zone
4 Sowjetische Zone

⑤ Vervollständige den Text über die Blockade Berlins.

Seit der Blockade blieb Berlin geteilt in Westberlin und Ostberlin.

⑥ Male die 3 westlichen Sektoren blau und den sowjetischen Sektor rot aus. Ziehe zwischen Ost- und Westberlin einen dickeren Grenzstrich.

# Die Bundesrepublik Deutschland wird gegründet

Der Kampf um Berlin hatte den Westmächten noch einmal gezeigt, dass mit der Sowjetunion gemeinsam eine Verwaltung Deutschlands unmöglich war. Darum entschlossen sie sich aus ihren drei Besatzungszonen einen westdeutschen Staat mit einer deutschen Regierung zu bilden.

① Die Entwicklung der Bundesrepublik Deutschlands vollzog sich in mehreren Abschnitten. Sie sind dir auf Textkärtchen beschrieben. Klebe sie entsprechend ein.

② Was bedeutet der 23. Mai 1949 in der Geschichte der Bundesrepublik Deutschland?

_____
_____
_____
_____

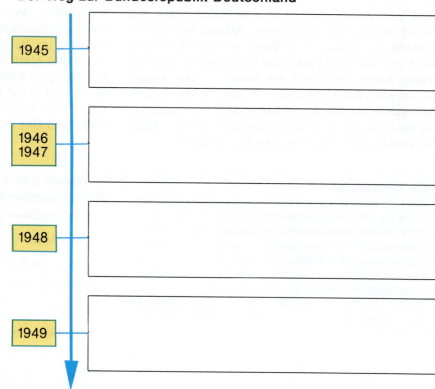

Der Weg zur Bundesrepublik Deutschland

1945
1946 1947
1948
1949

③ Der Parlamentarische Rat sollte nur eine vorläufige Verfassung ausarbeiten; vorläufig darum, weil die Bevölkerung der Sowjetzone daran nicht beteiligt war. Lies dazu in der Präambel (dem Vorspruch) des Grundgesetzes nach und ergänze den Text:

„Es (das deutsche Volk in den westdeutschen Ländern) hat auch für jene Deutschen gehandelt, _____
_____
_____

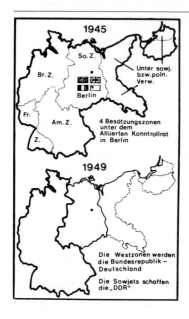

④ Ergänze die Lücken.

### Die Bundesrepublik Deutschland entsteht

Die Siegermächte hatten auf der Konferenz von P_____ beschlossen aus den 4 B_____ wieder einen einzigen deutschen Staat zu machen. Die S_____ aber machte ihre Zone kommunistisch und schloss sie von Westdeutschland ab. Als die USA durch den M_____-Plan auch Osteuropa Wirtschaftshilfe geben wollte, ließen die Sowjets zwischen Ost und West den E_____ V_____ herunter. Im März 1948 verließen die Sowjets sogar den Alliierten K_____, der bis dahin Deutschland gemeinsam verwaltet hatte. Daraufhin beschlossen die westlichen A_____ einen westdeutschen Staat zu gründen. 65 Abgeordnete der westdeutschen Länder trafen in B_____ zusammen und berieten die neue Verfassung, das G_____. Es trat am 23. Mai 1949 in Kraft. Im August 1949 fanden freie Wahlen zum ersten deutschen B_____ statt. Erster Bundeskanzler wurde der CDU-Abgeordnete Dr. Konrad A_____. Erster Bundespräsident wurde der FDP-Abgeordnete Professor Dr. Theodor H_____.

⑤ Male in der Karte von 1949 die Bundesrepublik Deutschland und die DDR farbig aus.

# In der Sowjetzone entsteht die Deutsche Demokratische Republik (DDR)

## Parteien werden gegründet

Schon einen Monat nach Kriegsende gestattete die sowjetische Militärregierung die Bildung von Parteien und Gewerkschaften.
Als erste Partei wurde am 11. Juni 1945 die Kommunistische Partei Deutschlands (KPD) gegründet. Sie wurde von deutschen Kommunisten geleitet, die 1933 vor den Nazis nach Moskau geflohen und schon in den letzten Kriegsmonaten nach Deutschland zurückgekehrt waren. Diese Kommunisten sollten im Auftrag der Sowjets Deutschland zu einem kommunistischen Staat machen. An der Spitze der Kommunisten stand der ehemalige Reichstagsabgeordnete Walter Ulbricht. Unter dem Schutz der Roten Armee besetzten die Kommunisten alle wichtigen Stellungen in der Verwaltung und im öffentlichen Leben.

Einige Wochen später wurden die SPD, CDU und LDPD (Liberal-Demokratische Partei) gegründet.

① Welche Aufgaben hatten die von Moskau zurückkehrenden deutschen Kommunisten?

② Welche Parteien wurden in der Sowjetzone gegründet?

> Walter Ulbricht sagte zum Aufbau der DDR: Es muss alles demokratisch aussehen, aber wir müssen alles in der Hand haben. /43\

## Die Zwangsvereinigung von SPD und KPD

Die KPD glaubte anfangs, dass sie mithilfe der sowjetischen Besatzungsmacht stärkste Partei werden würde. Schon bald merkte sie aber, dass sie das Volk nicht auf ihrer Seite hatte. Bei der ersten Wahl in Österreich z.B. erhielt die KPD nur ganz wenige Stimmen. Darum erzwang sie mithilfe der sowjetischen Armee den Zusammenschluss von KPD und SPD zur Sozialistischen Einheitspartei Deutschlands (SED). Die SPD-Mitglieder in der Sowjetzone wurden nicht gefragt. Nur in Westberlin konnten die Sowjets eine Abstimmung nicht verhindern. 82% der Westberliner SPD-Mitglieder stimmten gegen einen Zusammenschluss mit der KPD.
Die wichtigen Führungsstellen in der SED wurden schon bald mit moskautreuen Kommunisten besetzt. Viele Sozialdemokraten mussten die Partei verlassen oder wurden sogar verhaftet. In der Sowjetzone gab es nun keine SPD mehr, CDU und LDPD bestanden zwar noch, aber sie wurden unterdrückt und spielten keine Rolle mehr.

③ Warum betrieben die Kommunisten die Vereinigung mit der SPD?

Die ehemaligen Länder Mitteldeutschlands

## Die Gründung der DDR

Kurz nach der Entstehung der Bundesrepublik Deutschland gründeten 1949 die Sowjets in der Ostzone die „Deutsche Demokratische Republik" (DDR). Die Bevölkerung wurde dazu nicht gefragt, es gab keine demokratischen Wahlen.
Die kommunistische SED wurde die bestimmende Partei in der DDR. Sie baute die DDR zu einem kommunistischen Staat nach sowjetischem Vorbild auf.

④ Unterstreiche Textstellen, die zeigen, dass die DDR nicht nach demokratischen Regeln gegründet wurde.

⑤ Erkläre die Sätze Ulbrichts mit deinen Worten.

⑥ Im Jahre 1952 teilte die DDR ihr Gebiet neu ein. Vergleiche die Karten.

Die Verwaltungsbezirke der DDR (seit 1953)

# Der Volksaufstand am 17. Juni 1953

Anfang 1953 ließ die SED viele Bauern und Privatleute enteignen. Das verbitterte die Menschen sehr. Ebenso verbittert waren die Bewohner der DDR darüber, dass die Nahrungsmittel knapp, die Löhne, Gehälter und Renten sehr niedrig waren. Da befahl auch noch die SED-Regierung, die Erhöhung der Normen, d.h. jeder Arbeiter sollte länger arbeiten und mehr leisten bei gleicher Bezahlung.
Dagegen riefen die Bauarbeiter an der Stalinallee am 16. Juni zu einem Streik auf, der sich innerhalb von 24 Stunden zu einem Volksaufstand in der ganzen DDR ausweitete.

Die Volkserhebung am 17. Juni
Am Morgen des 17. Juni stand Ostberlin, stand die DDR im Zeichen der Volkserhebung.
Es kam zu tumultartigen Szenen in den Straßen Ostberlins. Ich sah, wie Funktionärsautos umgeworfen, Transparente und Losungen, auch Parteizeichen abgerissen und verbrannt wurden.
In vielen Städten der DDR kam es zum Massensturm auf Gefängnisse, auf Partei- und Regierungsdienststellen, insbesondere solche des Staatssicherheitsdienstes. Zentren der Generalstreikbewegung, des beginnenden Aufstandes waren die traditionellen Industriegebiete Sachsen und Thüringen - von jeher Mittelpunkte der Arbeiterbewegung. Als ich morgens zu dem mir zugeteilten volkseigenen Großbetrieb Bergmann-Borsig in Berlin-Wilhelmsruh kam, wurde dort keine Hand gerührt. Vertrauensleute nahmen von Abteilung zu Abteilung miteinander Verbindung auf um eine Versammlung der gesamten Belegschaft herbeizuführen ... In der Diskussion, die der Wahl des Betriebsausschusses folgte, sprachen etwa zwanzig Arbeiter. Das war eine elementare, leidenschaftliche Auseinandersetzung, eine historische Abrechnung mit dem SED-Regime. All das, was sich bisher gestaut hatte, nie offen in Versammlungen ausgesprochen worden war, brach sich jetzt Bahn. Aus eigenem Erleben wurden zahllose empörende Beispiele von Rechtswillkür angeführt: Namen von Arbeitskollegen aus dem Betrieb wurden genannt, die verhaftet, verurteilt, misshandelt worden waren, deren Angehörige nichts mehr von ihnen gehört hatten.
Am Schluss der Versammlung sprang ein Arbeiter auf das Podium und forderte die Belegschaft auf sich mittags am Betriebstor zu versammeln um im Stadtzentrum zu demonstrieren - überall wären bereits derartige Streikdemonstrationen im Gange. Der Demonstrationszug kam nicht weit. Um 13 Uhr war der Ausnahmezustand eingetreten. General Dibrowa, der sowjetische Stadtkommandant, hatte ihn verhängt. Unmittelbar darauf kämmten sowjetische Truppen die Straßen durch. Die Bergmann-Borsig-Demonstration wurde aufgelöst, die „Rädelsführer" verhaftet. /44

Die Schüler der DDR erfahren aus ihrem Geschichtsbuch über diesen Volksaufstand Folgendes:
Am 17. Juni 1953 gelang es Agenten verschiedener imperialistischer Geheimdienste, die von Westberlin aus massenhaft in die Hauptstadt und einige Bezirke der DDR eingeschleust worden waren, in Berlin und einigen Orten der Republik einen kleinen Teil der Werktätigen zu zeitweiligen Arbeitsniederlegungen und Demonstrationen zu verleiten. In Berlin und in einigen anderen Städten plünderten Gruppen von Provokateuren und Kriminellen. Sie legten Brände, rissen Transparente herunter, misshandelten und ermordeten Funktionäre der Arbeiterbewegung, holten verurteilte Kriegsverbrecher aus Gefängnissen und forderten den Sturz der Arbeiter- und Bauern-Macht. Durch das entschlossene Handeln der fortgeschrittensten Teile der Arbeiterklasse und ihrer Verbündeten gemeinsam mit sowjetischen Streitkräften und bewaffneten Organen der DDR brach der konterrevolutionäre Putsch innerhalb von 24 Stunden zusammen. Der Versuch die DDR und den Sozialismus auf deutschem Boden gewaltsam zu beseitigen war gescheitert. /45

Der Aufstand am 17. Juni, sowjetische Panzer in Ostberlin

① Während des Aufstandes am Morgen des 17. Juni kam es in Berlin und in der DDR zu tumultartigen Szenen. Unterstreiche die Textstellen in Quelle 44, die darüber Auskunft geben.
② Was waren die Zentren des beginnenden Aufstandes?

③ Was war das politische Hauptziel der Aufständischen?

④ Wodurch wurde der Aufstand niedergeschlagen?


⑤ Der 17. Juni wurde in der Bundesrepublik zum „Tag der Deutschen Einheit" bestimmt. Woran sollte dieser Tag erinnern?


⑥ In Quelle 45 kannst du nachlesen, wie die DDR den Aufstand vom 17. Juni darstellt. Sage deine Meinung dazu.

# Die Mauer durch Berlin

Die Unterdrückung durch die kommunistischen Machthaber und die schlechten Lebensverhältnisse in der DDR trieben viele Menschen zur Flucht in den Westen. Dadurch entstand in der DDR ein großer Mangel an Arbeitskräften.
Auf dem Lande konnte die Ernte nicht eingebracht werden. In der Industrie konnten die Wirtschaftspläne nicht erfüllt werden. Die Sprechstunden der Ärzte waren überfüllt, weil viele Ärzte geflohen waren. Geschäfte mussten schon mittags schließen, weil das Verkaufspersonal fehlte.
Nachdem die DDR ab 1952 ihre Westgrenze verstärkt durch den „Eisernen Vorhang" abriegelte, war die Viersektorenstadt Berlin das einzige „Fluchtloch". Um die Staatskrise in der DDR zu lösen wurde auch diese letzte Fluchtmöglichkeit beseitigt. Am 13. August 1961 begann die DDR mitten durch Berlin eine Mauer zu bauen. Jetzt war es für die Bürger der DDR unmöglich nach Westberlin oder in die Bundesrepublik Deutschland zu kommen.

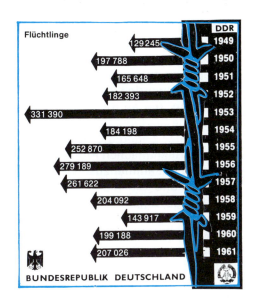

① Rechne aus, wie viele DDR-Bürger von 1949 - 1961 insgesamt in den Westen flohen.

② Schreibe auf, warum so viele DDR-Bürger in den Westen flohen.

Die Mauer quer durch Berlin

③ Warum ließ die DDR die Mauer bauen?

④ Wie begründet die DDR den Mauerbau? (Lies dazu Quelle 46)

**Aus einem Geschichtsbuch der DDR**

„Vom 3. bis 5. August 1961 tagte in Moskau eine Beratung der Ersten Sekretäre der kommunistischen und Arbeiterparteien, deren Länder dem Warschauer Vertrag angehören. Auf ihr wurden die notwendigen Maßnahmen beraten und festgelegt um den durch den westdeutschen Imperialismus und seine Bundesgenossen in der NATO bedrohten Frieden zu sichern. Die Verbündeten vereinbarten, dass die DDR an der Staatsgrenze zu Westberlin die notwendigen Sicherheitsmaßnahmen trifft um die weitere Wühltätigkeit gegen die Länder des sozialistischen Lagers endgültig zu unterbinden.

46

# Die Deutsche Demokratische Republik, ein Staat nach sowjetischem Vorbild

## Enteignung - Sozialisierung - Planwirtschaft

Bereits 1945 begann die Sowjetunion in der sogenannten Bodenreform alle Höfe, die größer als 100 ha waren zu enteignen. Aus den beschlagnahmten Ländereien wurden ca. 300 000 neue Bauernhöfe geschaffen, die an Kleinbauern, Landarbeiter und Vertriebene als Eigentum verteilt wurden. Fünfzehn Jahre später zwang die SED dann die Bauern sich zu landwirtschaftlichen Produktionsgenossenschaften (LPG) zusammenzuschließen. Die Ländereien, das Vieh und die Maschinen wurden genossenschaftliches Eigentum (d.h. Staatseigentum). Die ehemals selbstständigen Bauern waren nun Angestellte des Staates.

Die SED nannte das „Sozialisierung" (d.h. Verstaatlichung des Eigentums).

Bald danach wurden auch Fabriken, Banken, Versicherungen, Handwerksbetriebe und der Handel verstaatlicht.

Die gesamte Wirtschaft wurde vom Staat gelenkt. Die Regierung stellte Wirtschaftspläne auf für mehrere Jahre. Darin wurde festgelegt, was und wie viel an Gütern hergestellt werden sollte. Diese Planung auf lange Sicht führte aber oft zu Fehlschlägen. Darum konnten die Bürger der DDR oft nicht das kaufen, was sie brauchten oder wünschten.

① Was versteht man unter Sozialisierung? (s. S. 5)

_____

② Welche Nachteile kann die Planwirtschaft für die Verbraucher haben?

_____

## Wahlen zur Volkskammer in der DDR

Für die Wahlen zur Volkskammer (dem Parlament der DDR) wurde eine „Liste der Nationalen Front" aufgestellt. In dieser Liste waren Kandidaten der SED und der von SED-Mitgliedern beherrschten Massenorganisationen aufgestellt.

Die Stimmzettel der Einheitsliste der nationalen Front

Zusammensetzung der Volkskammer

③ Erkläre den Stimmzettel der Einheitsliste.

④ Begründe, warum die Wahlen in der DDR keine demokratischen Wahlen sind.

_____

_____

## Die Entwicklung in der DDR

Im Laufe der Zeit wurden die Menschen in der DDR mit Verbrauchsgütern besser versorgt als früher. Aber es gab immer noch keine freien Wahlen und keine freie Meinungsäußerung. Rundfunk, Fernsehen und Zeitungen wurden durch die allein bestimmende SED kontrolliert. Die DDR-Bürger durften nicht reisen, wohin sie wollten.

Trotzdem wurde die DDR von vielen Ländern der Erde als Staat anerkannt und Mitglied vieler internationaler Organisationen. Auch das Verhältnis zur Bundesrepublik Deutschland normalisierte sich langsam. In einem Vertrag wurden die Beziehungen zwischen den beiden deutschen Staaten geregelt. Im Oktober/November 1989 kam es zu einer grundlegenden politischen Wende (Einzelheiten dazu findest du auf den Seiten 81 - 84).

## Zwei deutsche Staaten

⑤ Lies die Texte und kreuze an, zu welchem Staat die Sätze passen.

| | Bundesrepublik Deutschland | DDR |
|---|---|---|
| 1. Dieser demokratische Staat ist aus freien Wahlen entstanden. | ☐ | ☐ |
| 2. Dieser Staat wurde von den Sowjets nach kommunistischem Vorbild aufgebaut. | ☐ | ☐ |
| 3. Die beherrschende Partei wurde die Sozialistische Einheitspartei Deutschlands. | ☐ | ☐ |
| 4. Die Verfassung heißt „Grundgesetz". Es garantiert den Menschen viele Freiheiten. | ☐ | ☐ |
| 5. Am 17. Juni 1953 gab es einen Aufstand gegen die Zwangsherrschaft. | ☐ | ☐ |
| 6. Die vom Volk gewählten Abgeordneten treffen sich im Bundestag in Bonn. | ☐ | ☐ |
| 7. Am 13. August 1961 baute die Regierung durch Berlin eine Mauer, weil zu viele flohen. | ☐ | ☐ |
| 8. Erster Bundeskanzler wurde der CDU-Abgeordnete Dr. Konrad Adenauer. | ☐ | ☐ |
| 9. Erster Bundespräsident wurde der FDP-Abgeordnete Prof. Dr. Theodor Heuss. | ☐ | ☐ |
| 10. An der Spitze des Staates stand der Kommunist Walter Ulbricht. | ☐ | ☐ |

# Unter Führung der Sowjetunion entsteht der Ostblock

## Die Machtausbreitung des Kommunismus in Europa

Als der Krieg zu Ende war, standen die sowjetischen Truppen mitten in Europa an der Elbe. Die Amerikaner glaubten, dass es nun Frieden gäbe und schickten einen großen Teil ihrer Soldaten nach Hause. Die Sowjetunion aber rüstete weiter. Gleichzeitig begannen die Sowjets damit ihren Machtbereich in Mittel-, Ost- und Südeuropa weiter auszudehnen. Am Ende des zweiten Weltkrieges hatten die sowjetischen Truppen fast alle Länder Ost- und Südosteuropas besetzt. Wie in der sowjetischen Besatzungszone Deutschlands so setzten die Sowjets auch in diesen Ländern kommunistische Regierungen ein. Sie waren von der Sowjetunion vollkommen abhängig. Nur Jugoslawien konnte einen von der Sowjetunion unabhängigen, kommunistischen Staat aufbauen.

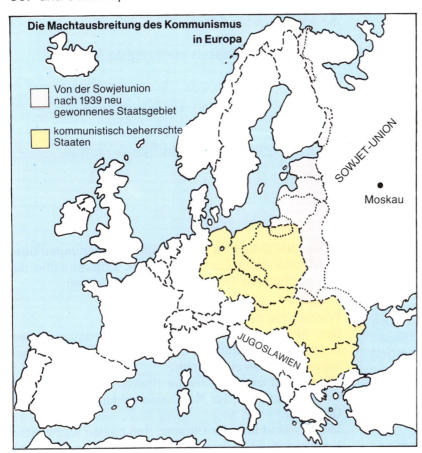

① Male das Gebiet der Sowjetunion von 1939 dunkelrot aus.

② Ziehe die heutige Staatsgrenze dick rot nach. Male das neu gewonnene Staatsgebiet hellrot.

③ Nimm einen Atlas zu Hilfe und stelle fest, welche Staaten zum sowjetischen Machtbereich gehörten. Schreibe die richtigen Ziffern in die Zeichnung.

① Deutsche Demokratische Republik
② Ehemalige deutsche Ostgebiete, heute polnisch
③ Ehemalige deutsche Ostgebiete, heute sowjetisch
④ Polen
⑤ Tschechoslowakei
⑥ Ungarn
⑦ Rumänien
⑧ Bulgarien

## Aufstände gegen die sowjetische Herrschaft

Die Bevölkerung in Osteuropa war mit der Sowjetherrschaft nicht einverstanden. Darum gab es immer wieder Unruhen und Aufstände.

Volksaufstand in Ungarn 1956: Sowjetische Panzer schlagen den Aufstand nieder.

### Der Aufstand in Ungarn

Am 23. Oktober 1956 brach in der ungarischen Hauptstadt ein Volksaufstand gegen die russische Gewaltherrschaft aus. Imre Nagy, selbst ein Kommunist, übernahm die Regierung. Er forderte den Abzug der sowjetischen Besatzungstruppen. Ungarn sollte ein sozialistischer Staat werden ohne Einmischung der Sowjetunion. Die Sowjets wollten aber ihren Einfluss in Ungarn nicht verlieren. Sie rückten mit hunderten von Panzern an und schlugen den Aufstand blutig nieder. Über 25 000 Ungarn fielen im Kampf gegen die Sowjetunion, Zehntausende wurden nach Sibirien verschleppt, über 20 000 flohen in den Westen. Ungarn aber blieb fest im sowjetischen Griff.

④ Was wollten die Ungarn durch die Revolution erreichen?

⑤ Wie endete der Befreiungsversuch?

# Die westlichen Staaten gründen den Verteidigungspakt der NATO

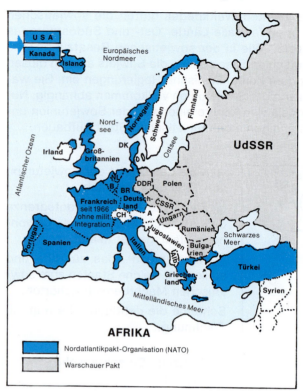

Mitgliedstaaten des Nordatlantikpaktes und des Warschauer Paktes

Um ein weiteres Vordringen der Sowjetunion in Europa zu verhindern schlossen sich 1949 zwölf westliche Staaten unter Führung der USA zum Nordatlantikpakt, der NATO, zusammen. Am 18. 2. 1952 traten Griechenland und die Türkei, am 5. 5. 1955 die Bundesrepublik Deutschland und am 30. 5. 1982 Spanien der NATO bei.

① Nenne die Staaten, die zur NATO gehören.

### Die Zielsetzung der NATO
② Lies den Text aus dem NATO-Vertrag und vollende die angefangenen Sätze.

1. Die NATO-Staaten vereinigten sich
_____
_____
_____

2. Im Falle eines bewaffneten Angriffs
_____
_____
_____

### Aus dem NATO-Vertrag
... sind die NATO-Staaten entschlossen sich für die **gemeinsame Verteidigung** und für die **Erhaltung des Friedens und der Sicherheit** zu vereinigen ...

... sie vereinbarten, dass im Falle eines bewaffneten Angriffs jeder von ihnen dem angegriffenen Staat Beistand leistet.
(Art. 5 NATO-Vertrag)

Die Parteien werden zur weiteren Entwicklung friedlicher und freundschaftlicher internationaler Beziehungen beitragen. ... sie werden bestrebt sein Gegensätze in ihrer internationalen Wirtschaftspolitik zu beseitigen und die wirtschaftliche Zusammenarbeit zwischen einzelnen oder allen Parteien zu fördern (Art. 2 NATO-Vertrag).

③ Der NATO-Vertrag enthält auch Abmachungen über nichtmilitärische Zusammenarbeit. Unterstreiche die entsprechenden Textstellen im NATO-Vertrag.

### Frieden für das neue Europa
Seit 1991 arbeitet die NATO im Nordatlantischen Kooperationsrat mit den Staaten des ehemaligen Warschauer Paktes zusammen.
Mittel- und osteuropäische Staaten streben rasche Mitgliedschaft in der NATO und in der Europäischen Union an.
Mit Russland und der Ukraine, den beiden wichtigsten Nachfolgestaaten der einstigen Sowjetunion, wird eine Partnerschaft angestrebt, die der Bedeutung dieser Staaten für die Sicherheit in Europa entspricht.
Das sind Entwicklungen, an die vor 1990 noch nicht zu denken war.
Im Jahr 2004 kamen als weitere Mitglieder hinzu: Bulgarien, Estland, Litauen, Lettland, Rumänien, Slowakei, und Slowenien.

④ Berichte auf einem Zusatzblatt über die Entwicklung der NATO nach 1991.

### Der Warschauer Pakt
Die Sowjetunion hatte nach 1945 mit den einzelnen kommunistischen Staaten Ost- und Südosteuropas Freundschafts- und Beistandspakte geschlossen. Nach dem Eintritt der Bundesrepublik Deutschland in die NATO (1955) schlossen sich die Staaten Ost- und Südosteuropas unter Führung der Sowjetunion zum „Warschauer Pakt" zusammen. Auch der „Warschauer Pakt" sollte nur zur Verteidigung dienen.

⑤ Informiere dich in der Karte darüber, welche Staaten zum Warschauer Pakt gehörten. Schreibe sie auf.

_____
_____

Nachdem der „Eiserne Vorhang" in Europa in den Jahren 1989 und 1990 niedergerissen worden war, lösten die Ostblockstaaten zum 1. April 1991 den Warschauer Pakt auf.

# China - Weltmacht in Asien

① Klebe hier den Text vom Ausschneideblatt ein. Er erklärt dir die Entstehung der „Volksrepublik China".

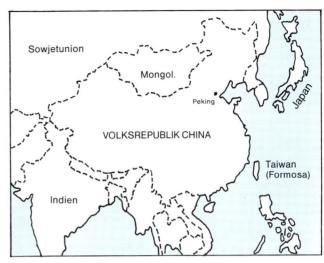

② Nach 1945 kämpften in China 2 Gruppen um die Alleinherrschaft im Staate:

a) _____

b) _____

Sieger in diesem Kampf _____

Sie gründeten am 1. 10. 1949 in Peking die _____

Tschiang-Kai-schek gründete auf der Insel Taiwan _____

③ Ziehe die Grenzen der Volksrepublik China dick schwarz nach. Male das Staatsgebiet rot aus. Male die Insel Taiwan (Nationalchina) gelb aus. Vergleiche auch die Größe beider Staaten.

### Mit Mao Tse-tung zur Weltmacht

Nach der kommunistischen Machtübernahme in China begann als erstes ein unerbittlicher Kampf gegen die „Feinde des Sozialismus". Hunderttausende der bisher Herrschenden, vor allem Großgrundbesitzer, wurden getötet. Als Zweites wurde die Industrialisierung Chinas in Angriff genommen. Die dritte große Maßnahme war die Bauern in Volkskommunen zusammenzufassen. Volkskommunen sind Bauerngemeinschaften mit ca. 20 000 Menschen. Sie leben, arbeiten und essen gemeinsam. Es gibt kein Privateigentum, alles bestimmt die Gemeinschaft.

Als der alternde Parteivorsitzende Mao um seinen Einfluss in Partei und Staat zu fürchten begann, befahl er als nächsten Schritt zum Aufbau Chinas im Jahre 1967 die „Kulturrevolution". Jugendliche bildeten sogenannte „Rote Garden", vertrieben Parteifunktionäre, spürten Feinde Maos auf und brachten ganz China in Unordnung, bis die Armee dem Treiben ein Ende machte. Der fünfte Schritt war die militärische Aufrüstung. 1964 zündete China seine erste Atombombe, 1967 die erste Wasserstoffbombe, und 1970 wurde der erste Erdsatellit gestartet. Damit war China auch militärisch in den Kreis der Weltmächte eingetreten.

④ Der Aufbau Chinas zu einer modernen Weltmacht vollzog sich in fünf Schritten. Finde sie aus dem Text heraus und unterstreiche sie.

|  | China | USA | Russland | Bundesrep. Deutschl. |
|---|---|---|---|---|
| Fläche in qkm: | 9 561 000 | 9 629 000 | 17 000 000 | 357 000 |
| Bevölkerung in Mio.: | 1 300 | 290 | 143 | 82 |

⑤ Vergleiche Fläche und Einwohnerzahl. Du kannst sie auch auf einem Zusatzblatt zeichnerisch darstellen.

Mao Tse-tung (1893–1976)

### Die Außenpolitik Chinas

⑥ Nach Ansicht der chinesischen Führung war die Welt in 3 große Gruppen eingeteilt. Berichte. Erkläre auch, was sie nach Ansicht Chinas tun, bzw. tun sollten.

⑦ Sammle Zeitungsausschnitte, die über Chinas Politik berichten.

**Einteilung der Staaten aus der Sicht der chinesischen Führung während des kalten Krieges**

| 1. Gruppe | 2. Gruppe | 3. Gruppe |
|---|---|---|
| Supermächte | Industrieländer Europas und Asiens | Entwicklungsländer der Erde |
| USA   UdSSR (Stehen sich feindlich gegenüber, streben nach Weltherrschaft, besonders die Sowjetunion.) | müssen zusammenarbeiten um sich gegen die Supermächte zu wehren. | |

45

## China steuert einen neuen Kurs

| China | | Deutschland |
|---|---|---|
| 1315 | BIP* (Mrd. €) | 1911 |
| 50% | Industrie | 35% |
| 17% | Landwirtschaft | 1% |
| 33% | Dienstleistung | 64% |
| 9% in Städten | Arbeitslosigkeit | 9,8% (2002) |
| 83,5% | Alphabetisierung | 99% |

*Erklärung siehe Seite 55

/48\

### Der neue Kurs
Nach dem Tod des Parteivorsitzenden Mao Tse-tung (1976) begannen die Regierenden einen neuen Kurs zu steuern. Sie übten Kritik an Maos Politik und sorgten in einem ersten Schritt dafür, dass die ständig wachsende Bevölkerung genug zu essen und anzuziehen hat. In einem weiteren Schritt vermehrten sie durch die Erhöhung der Wirtschaftsleistungen das Volkseinkommen. Es wurden mehr Güter erzeugt und Dienstleistungen durchgeführt. Als dritter Schritt soll bis Mitte des 21. Jahrhunderts ein Lebensstandard erreicht sein, der dem Niveau eines mittelmäßig entwickelten Landes entspricht.

### China öffnet sich dem Westen
1971 wurde China in die UNO aufgenommen. Seit dieser Zeit suchen die chinesischen Politiker Kontakte zu westlichen Ländern. Sie hoffen, dass die westlichen Industrienationen China beim wirtschaftlichen Aufbau helfen.
Die USA, Japan, die Bundesrepublik Deutschland und andere Staaten sind heute wichtige Handelspartner Chinas.

① Welche Ziele verfolgt der neue Kurs?

② Warum sucht China heute Kontakte zu den westlichen Industriestaaten?

③ Welche Aussagen macht die Tabelle über den Unterschied zwischen China und Deutschland?

④ Welcher Unterschied besteht zwischen der sozialen Marktwirtschaft bei uns und dem sozialistischen Marktwirtschaftssystem in China?

### Familienplanung
Als wesentlicher Inhalt der Familienplanung in China werden Spätheirat und Spätgeburt sowie Geburt von weniger aber gesunden Kindern befürwortet und die Politik „Ein Kind von einem Ehepaar" gefördert. Bei Ehepaaren auf dem Land ist unter gewissen Umständen bei Einhaltung eines Abstandes von einigen Jahren ein zweites Kind gestattet. Diese Familienplanung wird von der Gesellschaft mehr und mehr akzeptiert.

⑤ Was hältst du von der Familienplanung in China? Ist sie notwendig? Begründe.

### China 2003
Im Vergleich zu vor 50 Jahren und sogar noch vor 20 Jahren hat sich das Leben des chinesischen Volkes umwälzend verändert. Am schnellsten entwickelte sich die Wirtschaft Chinas in den Jahren nach 1979. Im Jahr 2002 setzte sich das starke Wachstum fort. China war damit die am schnellsten wachsende Volkswirtschaft in Asien. Landwirtschaft, Industrie, Wissenschaft und Technik wurden modernisiert. Reformen in Richtung Marktwirtschaft wurden durchgeführt. Das sozialistische Marktwirtschaftssystem entwickelte sich, in dem das Gemeineigentum der Hauptträger der Wirtschaft ist. Daneben werden die nichtstaatlichen Wirtschaftssektoren wie die Einzel- und Privatwirtschaft unterstützt. Durch die wirtschaftliche Entwicklung wurde der Mangel an Gebrauchsartikeln und Lebensmitteln beseitigt. Mit einer ständigen Zunahme des Einkommens und des Privatvermögens stehen die Ausgaben für Wohnungen, Autos, Computer, Wertpapiere und Reisen ins Ausland an der Spitze der Investitionen und des Konsums. Von den gesamten Ausgaben für den Konsum ist dagegen der Anteil der Ausgaben für Lebensmittel, Kleidung und Gebrauchsartikel in großem Ausmaß gesunken.

⑥ Was hat sich seit Einführung des neuen Kurses in China verändert? Unterstreiche die Textstellen, die darüber Auskunft geben.

# Konflikte zwischen den Großmächten

Seit 1945 ist es zwischen den Machtblöcken häufig zu größeren und kleineren Konflikten und Krisen gekommen. Diese Krisen brachten die Welt mehrmals an den Rand eines neuen Weltkrieges. Eine dieser Krisen war die Kuba-Krise im Oktober 1962.

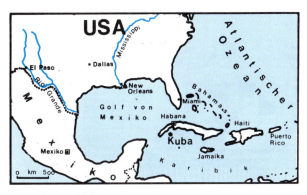

① Stelle fest, wo die Insel Kuba liegt: Male Kuba rot aus, die USA gelb.

② Wie groß ist die kürzeste Entfernung zur Küste der USA?

**Die Kuba-Krise**

③ Beantworte zur Kuba-Krise die folgenden Fragen:

a) Im Kuba-Konflikt fühlten sich die Amerikaner durch die Sowjets bedroht. Worin bestand diese Bedrohung?

> Auf der Insel Kuba hatte Fidel Castro 1959 eine kommunistische Diktatur errichtet. Er enteignete die großen amerikanischen Industrieunternehmungen in Kuba. Dadurch zog er sich den Zorn der USA zu. Um sich vor den Amerikanern zu schützen schloss er Freundschaft mit der Sowjetunion. Die Führer der UdSSR sahen dadurch auf Kuba eine günstige Gelegenheit ihren Machtbereich bis in die Nähe der USA auszudehnen. Sie bauten auf der Insel Kuba Raketenabschussrampen und verschifften Raketen nach Kuba.

b) Welche Maßnahmen ergriff der amerikanische Präsident gegen diese Bedrohung?

> Der amerikanische Präsident Kennedy verhängte daraufhin in der Nacht vom 22. zum 23. 10. 1962 eine Blockade über Kuba: „Alle für Kuba bestimmten Schiffe, gleichgültig welcher Nationalität, werden zurückgeschickt, wenn festgestellt wird, dass sie Angriffswaffen an Bord haben."

c) Wie reagierten die Sowjets auf die Maßnahmen der Amerikaner?

> Tagelang hatten die Menschen in allen Teilen der Welt Angst vor einem Atomkrieg. Da gab der sowjetische Parteichef Chruschtschow seinen Raketenfrachtern, die auf dem Weg nach Kuba waren, den Befehl zur Umkehr. Am 27. 10. 1962 machte Chruschtschow Kennedy den Vorschlag: „Wir willigen ein die Mittel (Waffen) aus Kuba zu entfernen, die Sie für offensiv (Angriffswaffen) halten."

d) Zu welcher Gegenleistung waren die Amerikaner bereit?

> Als Gegenleistung für den sowjetischen Rückzug gaben die Amerikaner die Garantie, Kuba nicht anzugreifen. So hatten beide Seiten ihr Gesicht gewahrt und der Frieden wurde erhalten.

Als die Kuba-Krise friedlich beigelegt war, atmeten alle Menschen der Erde auf. Die Gefahr eines neuen Weltkrieges war noch einmal vorübergegangen. Darüber hinaus hatte der Kuba-Konflikt den Menschen ins Bewusstsein gerufen, dass Auseinandersetzungen zwischen den Großmächten nur mit friedlichen Mitteln gelöst werden dürfen. Die Zeichnung rechts verdeutlicht das.

④ Erzähle, was du darauf siehst.
(Eine H-Bombe ist eine Wasserstoffbombe)

„Einverstanden, Herr Präsident, wir wollen verhandeln ..."

# Die Vereinten Nationen (UNO) sollen den Frieden sichern

UNO-Gebäude in New York

Um den Frieden in der Welt zu sichern gründeten 51 Staaten im Jahre 1945 die „Vereinten Nationen" (UNO). 2 Sätze aus dem Vertrag verdeutlichen die Hauptziele.

> Wir, die Völker der Vereinten Nationen, (sind) entschlossen
> - künftige Geschlechter vor der Geißel des Krieges zu bewahren ...
> - unseren Glauben an die Grundrechte des Menschen, an Würde und Wert der menschlichen Persönlichkeit, an die Gleichberechtigung von Mann und Frau sowie von allen Nationen, ob groß oder klein, erneut zu bekräftigen
> - den sozialen Fortschritt und einen besseren Lebensstandard in größerer Freiheit zu fördern ...

① Lies nach, welches die Hauptziele der UNO sind. Erkläre sie mit deinen Worten. Fast alle selbstständigen Staaten der Erde sind heute Mitglieder der UNO.

### Die UNO-Generalversammlung
Die Generalversammlung ist das Parlament der Vereinten Nationen. Jedes Jahr im September treffen alle Mitglieder zur Generalversammlung zusammen. Dann werden die weltweiten politischen, wirtschaftlichen und sozialen Fragen erörtert. Alle Mitgliedsstaaten haben bei den Abstimmungen nur eine Stimme. So hat die VR China mit über 1 Milliarde Einwohnern genau wie Island mit 230 Tausend Einwohnern nur eine Stimme.

### Der Generalsekretär
Der Generalsekretär leitet die Verwaltung der UNO. Er wird auf Empfehlung des Sicherheitsrates von der Generalversammlung jeweils für fünf Jahre ernannt. Seit 1997 ist dies Kofi Annan aus Ghana.

Von der UNO werden „Menschenrechte" festgelegt. Sie finden sich in den Verfassungen vieler Staaten.

④ Lies im Grundgesetz nach, welche Grundrechte es in unserer Verfassung gibt (Artikel 1-19). Schreibe einige Grundrechte auf, die du für besonders wichtig hältst. (siehe auch S. 60)

UNO-Friedenstruppen auf Zypern (1975)

### Der Sicherheitsrat
Der Sicherheitsrat ist für den Frieden in der Welt verantwortlich. Er kann militärische Aktionen gegen Friedensstörer beschließen. Die Mitglieder der UNO sind dann verpflichtet Truppen zur Verfügung zu stellen. Dem Sicherheitsrat gehören 15 Staaten an. Die USA, die UdSSR, die Volksrepublik China, Großbritannien und Frankreich sind **ständige** Mitglieder; zehn andere Staaten werden für je zwei Jahre hinzugewählt. Bei allen wichtigen Beschlüssen müssen alle fünf ständigen Mitglieder und mindestens 4 andere zustimmen. Stimmt nur ein ständiges Mitglied nicht zu - die Politiker nennen das „Veto" (lateinisch: ich verbiete) - dann kommt kein Beschluss zustande.

Der Sicherheitsrat hat seit 1945 bei vielen Auseinandersetzungen mit Truppen (den „Blauhelmen") eingegriffen und das Schlimmste verhütet. Bei Konflikten, bei denen die Interessen der Supermächte berührt wurden, war der Sicherheitsrat jedoch machtlos. Auch wurde die Arbeit des Sicherheitsrates durch das „Veto" einer Großmacht oft lahm gelegt.

② Unterstreiche die Textstellen blau, die etwas über die Aufgaben des Sicherheitsrates aussagen.

③ Kennzeichne die 5 ständigen Mitglieder mit gelber Farbe.

⑤ Erkläre, was ein „Veto" im Sicherheitsrat bedeutet.

⑥ Diskutiere darüber, ob man es abschaffen sollte oder könnte.

# Das Weltkinderhilfswerk der Vereinten Nationen (UNICEF)

Am 11. 2. 1946 gründete die UNO-Generalversammlung das Weltkinderhilfswerk der Vereinten Nationen (UNICEF). Durch UNICEF sollte den Kindern und Jugendlichen in den vom Krieg zerstörten Ländern Europas geholfen werden.
Seitdem sich in Europa das Leben normalisiert hat, hilft UNICEF besonders den Kindern in Entwicklungsländern.

**Die Aufgaben des Weltkinderhilfswerks**

Etwa 130 Länder und viele private Geldgeber spenden freiwillig Geld für das Weltkinderhilfswerk. Zusätzlich erhält UNICEF Geld aus dem Verkauf von UNICEF-Grußkarten.

UNICEF-Hilfe erhalten heute Kinder in ca. 120 Ländern der Erde. UNICEF-Hilfe können alle Länder erhalten ohne Unterschied der Rasse, der Religion und der politischen Überzeugung. Für die segensreiche Tätigkeit erhielt UNICEF im Jahre 1965 den Friedensnobelpreis.

① Warum wurde 1946 das Weltkinderhilfswerk der UNO gegründet?

② Wer erhält heute hauptsächlich UNICEF-Hilfe?

③ Erkläre mithilfe der Grafik die einzelnen Aufgaben des Weltkinderhilfswerkes.

④ Berichte über die Lage der Kinder.

⑤ Unterstreiche im nebenstehenden Artikel die Maßnahmen der UNICEF gegen das Kindersterben in der Dritten Welt.

**Jedes vierte Kind lebt in Armut**
**New York.** Jedes vierte Kind auf der Welt lebt in bitterer Armut. Dies geht aus einem Unicef-Bericht hervor. Armut wird von den UN definiert als materielle Not mit weniger als 1,12 € pro Tag für den Lebensunterhalt. Von 132 Millionen neu geborenen Kindern im Jahr sterben 10,2 Mio - jedes zwölfte Kind - vor dem fünften Lebensjahr an Krankheiten wie Masern, Durchfall oder Malaria. (ap)

**Zwölf Millionen Kinder sterben an Armut**
Jedes Jahr sterben nach Angaben des UN-Kinderhilfswerks zwölf Millionen Kinder an den Folgen von Unterentwicklung und Armut. (kna)

**Impfungen retteten eine Million Kinder der Dritten Welt**

Das Kinderhilfswerk der Vereinten Nationen (UNICEF) hat im Kampf gegen das Kindersterben in der Dritten Welt große Erfolge erzielt. Im vorgelegten Jahresbericht der UNICEF heißt es, dass zwei „äußerst billige" Maßnahmen mehr als eine Million Kinder vor dem sicheren Tod bewahrt hätten: Die rasche Ausbreitung des Impfschutzes gegen die sechs häufigsten Infektionskrankheiten (ansteckende Krankheiten) und die Behandlung von schweren Durchfällen mit einer einfach herzustellenden Salz-Zucker-Lösung.

# Die Machtverhältnisse in der UNO verschieben sich

① Wie hat sich der Anteil der westlichen Industrieländer an den Mitgliedstaaten der UNO von 1945 bis 1985 verändert? (siehe Grafik)

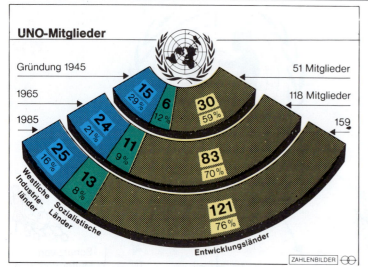

② Was sagt die Grafik über die Anzahl der Entwicklungsländer in den Jahren 1945, 1965 und 1985?

③ Wer stellt die weitaus größte Staatengruppe in der UNO?

④ Wie viele Mitglieder hat die UNO im Jahr 2002?

Im Jahr 2002 gehörten der UN 191 Mitglieder an.

**Miguel D.**
aus Iquitos/Amazonia, 38 Jahre, verheiratet, 3 Kinder, angestellt als Journalist an einer Radiostation

Tagesausgaben für seine fünfköpfige Familie:
Frühstück (Brot und Tee)   0,28 €
Mittagessen (Suppe, Reis,
Bohnen, kleines Stück Fleisch)   1,39 €
Abendessen (Brot und Tee)   0,28 €
Busfahrt zur Arbeit (2x)   0,22 €
Ausgaben pro Tag   2,17 €
Ausgaben pro Monat (x30)   65,19 €
Miguel D. verdient 72,55 € im Monat
für Nahrungsmittel geben sie allein aus 65,19 € im Monat

**Für 5 Personen bleiben für Kleidung, Seife, Miete und Wasser ganze 7,36 € im Monat übrig.**

Und mehr als einem Drittel der peruanischen Bevölkerung geht es noch schlechter, denn sie verdienen nur 40,90 € und weniger im Monat. Bekäme Miguel D. nur den staatlich festgesetzten Mindestlohn von 33,75 €, könnte er nicht nur keine Kleidung kaufen und die Miete nicht bezahlen, sondern könnte anstelle des Mittagessens nur noch die Suppe zu sich nehmen. Dagegen gibt es etwa 300 000 Personen, deren monatliches Einkommen 5 650,00 € übersteigt.

aus: 30 Jahre Allgemeine Erklärung der Menschenrechte, Hrsg. Arbeitsgemeinschaft Entwicklungspolitik und Menschenrechte e.V.

Nach der Gründung der UNO waren zunächst die westlichen Industriestaaten und die sozialistischen Länder bestimmend. Darum wurden besonders Sicherheitsfragen, die sich aus dem Ost-West-Konflikt ergaben, in der UNO behandelt.
Ab 1955 wurden immer mehr ehemalige Kolonien selbstständige Staaten. Mit der Aufnahme dieser neuen Staaten in die UNO erhielten die Entwicklungsländer immer mehr Stimmen und immer mehr politische Macht. So können die Entwicklungsländer heute durchsetzen, dass ihre Probleme bei den UNO-Tagungen im Vordergrund stehen. Die Entwicklungsländer fordern von den Industriestaaten Hilfe durch Geld, technische Hilfe, Hungerhilfe und eine gerechte Wirtschaftsordnung. Dadurch wollen die Entwicklungsländer nach und nach auch solch einen Lebensstandard erreichen, wie ihn die Industriestaaten haben. Aus dem Ost-West-Konflikt in der UNO ist ein Nord-Süd-Konflikt geworden.

④ Beschreibe, wie sich die Machtverhältnisse in der UNO verschoben haben.

⑤ Was fordern die Entwicklungsländer von den Industriestaaten? Unterstreiche die entsprechenden Textstellen.

⑥ Wie stehst du zu den Forderungen der Entwicklungsländer? Lies dazu den Zeitungsartikel.

## Abrüstung soll die Welt sicherer machen

Die Supermächte besitzen heute Waffen, die die ganze Welt vernichten können. Keiner kann den anderen besiegen ohne nicht selbst vernichtet zu werden. Darum sehen verantwortungsbewusste Politiker in Ost und West ein, dass man friedlich zusammenleben muss. Dieses friedliche Zusammenleben nennen wir Koexistenz.

① Was versteht man unter Koexistenz?

_____
_____
_____

② Warum muss es heute ein friedliches Zusammenleben zwischen West und Ost geben?

_____
_____
_____

③ Erkläre die nebenstehende Karikatur.

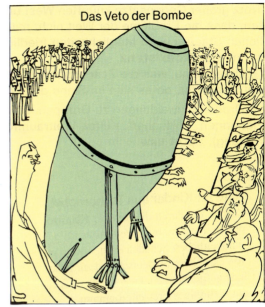

„Es wird hier dauernd von Frieden gesprochen – meine Herren, der Frieden bin ich!" (Karikatur von H. Brockmann in der Zeitschrift „Simplicissimus")

### Verträge über Abrüstung und Zusammenarbeit sollen den Frieden sichern

| ④ Schneide die Textkärtchen | aus und klebe sie | passend ein. |
|---|---|---|
| Atomsperrvertrag | Rüstungsbegrenzung (SALT) | KSZE |

⑤ Textkärtchen beschreiben dir, wie die Staaten der Erde versuchen Kriege zu verhindern.

Lies die folgenden Texte und streiche die falschen Satzteile durch:

a) Über den Atomsperrvertrag verhandelten **die USA und die UdSSR/die Länder Europas.**
b) Er soll verhindern, dass alle Länder **Atomkraftwerke bauen/Atomwaffen bauen.**
c) Den Vertrag über Raketen unterzeichneten **ca. 100 Länder der Erde/die USA und die UdSSR.**
d) Darin vereinbarten sie **eine bestimmte Zahl Raketen zu bauen/möglichst viele Raketen zu bauen.**
e) 35 europäische Staaten unterzeichneten **den Friedenspakt der KSZE/den Vertrag der EG.**
f) Alle Staaten verpflichteten sich Streitfälle **nur friedlich beizulegen/auch durch Krieg zu entscheiden.**

⑥ Wodurch wurde in Europa ab 1976 das militärische Gleichgewicht gestört?

_____
_____

⑦ Wie sollte das Gleichgewicht wiederhergestellt werden?

_____
_____

Trotz aller Bemühungen um Abrüstung herrscht in der Welt kein Frieden. Es gibt viele Krisenherde, in denen die Waffen sprechen. Nahost kommt nicht zur Ruhe. Israelis und Palästinenser bekämpfen sich seit Jahren. Nach dem Terroranschlag vom 11. September in New York beteiligt sich eine breite Staatenkoalition am Kampf gegen den internationalen Terrorismus. In Afghanistan sorgte eine multinationale Schutztruppe für einen politischen Neuaufbau des Landes. Im Irak kam es zum offenen Konflikt. Die USA und ihre Verbündeten gingen dabei als militärische Sieger hervor, sind aber noch (2004) zur Sicherung der Ordnung im Lande.

⑧ Sammle Berichte über die Krisenherde in der Welt und füge sie der Arbeitsmappe bei.

# Annäherung zwischen West und Ost

Trotz großer Gegensätze knüpften West und Ost auf vielen Gebieten Beziehungen an. Die Politiker erkannten, dass die Probleme der Welt nicht mit Waffen zu lösen waren. Darum suchten die westlichen und östlichen Staaten nach Möglichkeiten friedlich miteinander auszukommen. Dieses friedliche Nebeneinander nennt man **Koexistenz**.

① Untersuche, was die Zeitungsberichte über die internationalen Beziehungen aussagen. Schreibe zu jeder Nachricht, ob es sich im Sinne des Weltfriedens um eine „gute" oder „schlechte" Nachricht handelt.

② Ordne die Meldungen zu Gruppen. Folgende Gruppenwörter kannst du z.B. verwenden: Politische Beziehungen, Wirtschaft, Kultur, Weltraumforschung, menschliche Beziehungen, Rüstung (Ab- oder Wettrüstung), Sport usw.

### Hilfe für Kinder aus Tschernobyl
Kinder, die durch die Reaktor-Katastrophe in Tschernobyl (Weißrussland) gesundheitlichen Schaden erlitten, werden von Gasteltern in Deutschland zur Erholung aufgenommen. Es erwartet sie auch ein vielfältiges Freizeitprogramm.

### VW eröffnet Getriebewerk in Shanghai
Mit seinen chinesischen Joint-Venture-Partnern eröffnete Volkswagen im Januar 2003 in Shanghai ein neues Getriebewerk für die in China gefertigten VW-Modelle Bora und Polo. (automagazin)

### Russland im Europarat
Nach vierjährigen Verhandlungen ist Russland 39. Mitglied im Europarat geworden. Es unterzeichnete die Europäische Menschenrechtskonvention sowie die Konvention über den Schutz vor Folter und den Schutz nationaler Minderheiten.

### Keine Einigung
Anders als der US-amerikanische Präsident Georg W. Bush stimmten der französische Staatspräsident Jacques Chirac, der russische Staatspräsident Wladimir Putin und der deutsche Bundeskanzler Gerhard Schröder gegen den Einsatz ihrer Truppen im Kampf gegen den Irak. (rtr)

### Bernsteinzimmer
Das seit 1944/45 verschollene Bernsteinzimmer, bei dem Bernstein bei der Ausgestaltung erstmals verwandt worden war, wurde von russischen Kunstexperten rekonstruiert. Diese Arbeit wurde von der Ruhrgas AG (Essen) mit 3,5 Mio Dollar unterstützt.

### „Kampf gegen Armut sichert auch Frieden"
Mit dem Appell zu einem stärkeren Kampf gegen Armut hat der amerikanische Weltbankpräsident Wolfensohn die Armutskonferenz in Shanghai eröffnet: „Ohne ein Ende der Armut gibt es keinen Frieden." Für das Jahr 2003 prognostizierte er für die Entwicklungsländer ein geringes Wirtschaftswachstum, das aber bei weitem nicht ausreicht. (dpa)

### Chinesen auf Tournee in Deutschland
Die Akrobaten von chinesischen Staatszirkus erfreuten auf ihrer Gastspielreise mit ihren Darbietungen die deutschen Zuschauer in vielen Städten.

### Raumfrachter brachte der ISS Nachschub
Ein russischer Raumfrachter hat am Donnerstag 2,5 Tonnen Nachschub zur Internationalen Raumstation ISS gebracht. Das Raumschiff Progress M-49 habe automatisch an der ISS angedockt, teilte die Flugleitzentrale bei Moskau mit.

### Völkerverbindende Spiele
Sportler aus West und Ost treffen sich alle vier Jahre bei der Olympiade zum friedlichen Wettstreit. 2004 sind in Athen wieder viele Nationen mit ihren Sportlern vertreten.

### Vertrag über Chemiewaffen
Die USA und Russland ratifizierten ein Abkommen zum Verbot und zur Zerstörung von Chemiewaffen. Mitte 2003 waren bereits 177 Staaten diesem Abkommen beigetreten.

### EU-Erweiterung mit ehemaligen Ostblockstaaten
Mit der Aufnahme von Estland, Lettland, Litauen, Polen, Ungarn, Slowenien, Tschechien und der Slowakei finden ehemalige Ostblockstaaten Aufnahme in die EU. (dpa)

### Weltraumspaziergang dauerte fünf Stunden
Der russische Kosmonaut Wassili Zibljjew und sein US-Kollege Jerry Linenger haben am Dienstag die Weltraumstation „Mir" für fast fünf Stunden verlassen. Sie bargen Geräte, die Weltraumstaub aufgefangen hatten.

### Russlands Stromriese sucht deutsche Partner
Russlands größter Stromkonzern RAO sucht in Deutschland Partner. Mit RWE, Viag, Preussen Elektra und Siemens seien „sehr ergiebige" Gespräche geführt worden. (rtr)

③ Schneide aus Zeitungen und Zeitschriften weitere Nachrichten aus, die über internationale Beziehungen zwischen West und Ost Auskunft geben. Versuche sie auch zu ordnen und zu beurteilen.

# Ein Beispiel für Völkerverständigung:
## Die Konferenz über Sicherheit und Zusammenarbeit in Europa (KSZE)

In keinem Teil der Erde sind so viele Waffen stationiert wie in Europa. Darum lag es im besonderen Interesse der europäischen Staaten durch Verträge für Sicherheit und Entspannung in Europa zu sorgen. Der erste Vorschlag für solch eine Übereinkunft wurde 1954 von den Staaten des Warschauer Paktes gemacht. 1972 sprach sich auch die NATO für solch eine Konferenz aus.
Am 3. 7. 1973 begann in Helsinki die Konferenz über Sicherheit und Zusammenarbeit in Europa. Am 1. August 1975 wurde der Vertrag (die KSZE-Schlussakte) in Helsinki unterzeichnet.

① Wie viele Staaten (einschließlich der USA und Kanada) unterschrieben die Schlussakte?

② Neben den blockfreien Staaten Europas unterschrieben die Staaten zweier gegnerischer Militärblöcke die Schlussakte. Um welche Militärblöcke handelt es sich?

### KSZE-Schlussakte

**Korb 1:**
Gleichberechtigung der Staaten - Unverletzlichkeit bestehender Grenzen - Nichteinmischung in die inneren Angelegenheiten eines anderen Staates - Bereitschaft zur Abrüstung - Vorherige Ankündigung größerer militärischer Manöver - Austausch von Manöverbeobachtungen - Friedliche Regelung von Streitfragen.

**Korb 2:**
Zusammenarbeit in Wirtschaft, Wissenschaft, Technik und Umweltschutz.

**Korb 3:**
Mehr Begegnungen für Familien - Eheschließungen zwischen Bürgern verschiedener Staaten - Erleichterung für Reisen aus persönlichen und beruflichen Gründen - Förderung der Jugend- und Sportbegegnung - Austausch von Informationen - Bessere Arbeitsbedingungen für Journalisten - Zusammenarbeit in Kultur und Bildung.

③ Welche Erklärungen der KSZE-Schlussakte hältst du für besonders wichtig?
Unterstreiche die entsprechenden Stellen im Text.

Die Schlussakte von Helsinki hat den Nachteil, dass sie kein Vertrag im eigentlichen Sinn ist.

Die Unterzeichnerstaaten haben sich nicht verpflichtet so zu handeln, wie es in der Schlussakte angegeben ist. Es handelt sich nur um eine Absichtserklärung. Das bedeutet, dass man sich freiwillig danach richten will.

### Frieden für das neue Europa

Noch 1990 standen sich in Deutschland zwei Militärbündnisse gegenüber. Heute gehört diese Situation nicht nur hier zu Lande der Vergangenheit an. In ganz Europa sind die Karten neu gemischt, und jahrzehntelang gültige Feindbilder spielen keine Rolle mehr. Zu einem wichtigen Instrument wird bei diesem Prozess die **OSZE, die Organisation für Sicherheit und Zusammenarbeit in Europa**. Zum Teil ist sie noch unter ihrem alten Namen KSZE bekannt (als es sich noch um eine Konferenz handelte.) Sie soll ganz Europa als Institution zur Konfliktverhütung und Krisenbewältigung dienen.
Sie unternimmt dies u.a. durch eine intensive Diplomatie, die Entsendung von Friedenstruppen und Beobachtungsmissionen sowie dem alle zwei Jahre stattfindenden Treffen der über 50 Staats- und Regierungschefs. In der OSZE sind Nordamerika und Europa unter einem gemeinsamen Dach miteinander verbunden. Inzwischen (2004) gehören der OSZE 55 Staaten an.

④ Welche Militärblöcke standen sich noch 1990 in Deutschland gegenüber?

⑤ Wozu soll die Organisation für Sicherheit und Zusammenarbeit in Europa (OSZE) dienen?

⑥ Wie will die OSZE ihre Ziele erreichen?

# Europa schließt sich zusammen

Der Zweite Weltkrieg hatte große Teile Europas zerstört. Das Schicksal des einst mächtigen Europas wurde von den Supermächten USA und UdSSR bestimmt. Die Europäer sehnten sich nach Frieden. Sie wollten verhindern, dass europäische Staaten jemals wieder Krieg gegeneinander führten. Sie wollten auch nicht zum Spielball der Supermächte werden. Das konnte nur erreicht werden, wenn sich Europa vereinigte. Aber wie sollte dieses vereinigte Europa aussehen?

① Welche Gründe gab es für Europa sich zusammenzuschließen?

■ Gründungsmitglieder: Belgien, Deutschland, Frankreich, Italien, Luxemburg, Niederlande.
■ Später traten bei: Großbritannien, Dänemark, Irland, Griechenland, Portugal, Spanien, Österreich, Schweden, Finnland.
■ 2004 traten bei: Zypern, Ungarn, Polen, Slowakei, Lettland, Estland, Litauen, Tschechien, Slowenien, Malta.
■ Beitrittsanträge haben gestellt: Türkei, Rumänien, Bulgarien.

### Die Organe der EU

**Das Europäische Parlament**
Es ist die direkt gewählte demokratische Vertretung der Bürger der EU. Zur Zeit (2004) zählt es 732 Mitglieder. Die Bundesrepublik Deutschland ist mit 99 Abgeordneten vertreten. Der Sitz des Parlaments ist Straßburg. Es hat ein echtes Mitentscheidungsrecht bei der Gesetzgebung in der EU.

**Der Rat der Europäischen Union**
Er ist das wichtigste gesetzgebende Organ der EU. Im Rat sind die einzelnen Mitgliedstaaten durch die jeweiligen Fachminister ihrer Regierungen vertreten. Der Sitz des Ministerrates ist Brüssel.

**Die Europäische Kommission**
Sie überwacht die Einhaltung der EU-Rechtsvorschriften und -verträge. Sie erarbeitet Gesetzesvorschläge an den Ministerrat und führt seine Beschlüsse durch. Jedes EU-Mitglied stellt einen Kommissar. Deutschland, Frankreich, Großbritannien, Italien und Spanien zwei. Der Sitz der Kommission ist Brüssel.

**Der Europäische Gerichtshof**
Er wacht über die Einhaltung der europäischen Gesetze und verhandelt Klagen von Mitgliedstaaten, EU-Institutionen, Unternehmen und Einzelpersonen. Seine Urteile sind unanfechtbar. Richter und Generalanwälte werden für 6 Jahre von den Mitgliedsländern ernannt. Sein Sitz ist Luxemburg.

**Der Europäische Rechnungshof**
Er vertritt die Interessen der Steuerzahler und wacht darüber, dass die EU ihre Gelder nach den Regeln der Wirtschaftlichkeit für die vorgesehenen Zwecke verwendet. Jeder EU-Mitgliedstaat stellt einen Vertreter. Sitz des Rechnungshofes in Luxemburg.

### Von der Montanunion zur EU

**1951** gründeten Frankreich, Italien, die Bundesrepublik Deutschland, Belgien, die Niederlande und Luxemburg die **Europäische Gemeinschaft für Kohle und Stahl (EGKS = Montanunion)**.
Ziel: Zollfreier Handel für Kohle, Stahl, Eisenerz und Schrott unter den sechs Mitgliedsländern.

**1957** gründeten die gleichen sechs Staaten in Rom die **Europäische Wirtschaftsgemeinschaft (EWG)**.
Ziel: Ein gemeinsamer Markt. Wegfall der Zollschranken, freier Personen- und Warenverkehr. Endziel ist die politische Union Europas.

**1957** wurde gleichzeitig mit der EWG die **Europäische Atomgemeinschaft (EAG = Euratom)** in Rom geschaffen.
Ziel: Gemeinsame Entwicklung und Nutzung der Atomenergie für friedliche Zwecke (Technik, Medizin, Verkehr).
Zuerst arbeiteten die 3 Gemeinschaften getrennt nebeneinander. Seit 1967 wurden sie vereint. Seit dieser Zeit spricht man von der **Europäischen Gemeinschaft (EG)**.

**1992** wurde der Vertrag von Maastricht über die **Europäische Union (EU)** geschlossen.

**2004** Am 1. Mai 2004 traten Estland, Lettland, Litauen, Polen, Tschechien, Slowakei, Ungarn, Slowenien, Zypern* und Malta der Europäischen Union bei.
(* der griechische Teil)

② Welche Staaten waren bei der Gründung dabei?

_____

_____

③ Welche Staaten stellten 1998 und 2000 Beitrittsanträge?

_____

_____

### Die Ziele der Europäischen Union

- Die Grundlagen für einen immer engeren Zusammenschluss der europäischen Völker zu schaffen.
- Frieden und Freiheit zu wahren.
- Den wirtschaftlichen und sozialen Fortschritt ihrer Länder zu sichern. Die Lebens- und Arbeitsbedingungen stetig zu verbessern.
- Die Volkswirtschaften zu einigen. Den Rückstand weniger begünstigter Gebiete zu verringern.
- Den Wohlstand der Dritten Welt zu fördern.

④ Erkläre die Ziele der EU mit deinen Worten.

**Die Organe der EU**

Das Europäische Parlament hat seinen Sitz in _____ .

Es hat _____ direkt gewählte Abgeordnete. Das wichtigste gesetzgebende Organ der EU ist der _____

_____ . In ihm ist jede der 25 Regierungen durch den

jeweiligen _____ vertreten. Der Sitz ist in

_____ . Die Beschlüsse des Ministerrates werden von

der _____ ausgeführt.

Sie tagt ständig in _____ .

⑤ Fülle mithilfe der Übersicht den Lückentext aus.

# Die Wirtschaft der EU erzeugt immer mehr Güter

## Große wirtschaftliche Erfolge in der EU

Durch den freien Waren- und Kapitalverkehr innerhalb der Union ist das Bruttoinlandsprodukt (BIP) wesentlich gestiegen.
BIP = Der Wert aller in einer Volkswirtschaft erzeugten wirtschaftlichen Leistungen innerhalb eines bestimmten Zeitabschnittes.

① Stelle mithilfe der Grafik Vergleiche an.
Z.B. Mit 451 Millionen Verbrauchern ist die EU der größte Markt der westlichen Welt.

_____
_____
_____

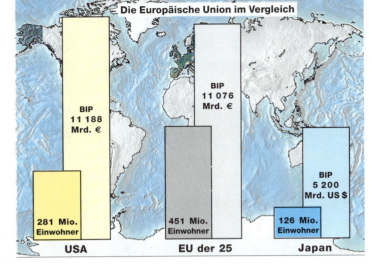

## Die Landwirtschaft in der EU

Jahrhundertelang, und bis in die sechziger Jahre unseres Jahrhunderts, war es wichtigste Aufgabe der Agrarpolitik in Europa, den andauernden Mangel an Nahrungsmitteln zu überwinden. Erst dann wurde es eine ihrer Aufgaben, Überschüsse abzubauen, jetzt muss sie künftige Überschüsse vermeiden.

### Situation vor 1992
Getreideberge und Milchseen auf der einen, sinkende Einkommen der Landwirte auf der anderen Seite - die Agrarpolitik war lange Zeit ein Sorgenkind der Europäischen Union.
Mit einer einschneidenden Agrarreform hat die EU deshalb 1992 ihre Landwirtschaftspolitik grundlegend erneuert.
Ziele waren:
- die landwirtschaftliche Produktion zu steigern,
- ein angemessenes Einkommen in der Landwirtschaft zu sichern,
- die Verbraucher ausreichend mit Nahrungsmitteln zu vernünftigen Preisen zu versorgen und
- die Märkte zu stabilisieren.

### Situation nach 1992
Drei Jahre nach Beginn der Reform zeigen sich bereits erste Erfolge. So konnte die Getreideproduktion in der Union - vor allem dank des Flächenstilllegungsprogramms - von 30 Millionen Tonnen Getreide 1992 auf heute weniger als 4 Millionen Tonnen geschrumpft werden. 1992 lagerte eine Million Tonnen Rindfleisch, jetzt nur noch 17 000 Tonnen.
Ziele der Agrarreform sind:
- die Agrarproduktion dauerhaft begrenzen
- die Einkommen der Bauern sichern und
- die Umwelt und Natur schonen und schützen.

Weitere Schritte in der Agrarreform von 1992 sah die 1999 von der Europäischen Kommision beschlossene **Agenda 2000** vor. Sie war ein Programm zur Vorbereitung der EU-Erweiterung und hatte u.a. die Verteilung von Starthilfen an die Anwärterstaaten zum Ziel.

② Warum wollte man vor 1992 die landwirtschaftliche Produktion ständig steigern?

_____
_____
_____

③ Begründe die Notwendigkeit der Agrarreform von 1992.

_____
_____

Vervollständige mit den Zahlen die Grafik ▦ = 50

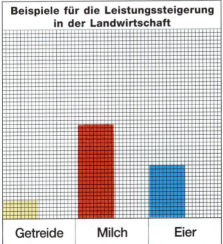

## Leistungen der Landwirtschaft

Vor 50 Jahren wuchsen bei uns auf einem Hektar 50 Zentner Getreide, heute 130 Zentner.
Damals gab jede Kuh etwa 250 Liter Milch im Monat, heute 611 Liter.
Ein mitteleuropäisches Huhn legte früher 140 Eier im Jahr, heute 277 Eier.
1950 ernährte jeder Bauer in Europa 5 Menschen, heute 119.

# Die EU hat viele Probleme, aber auch viele Erfolge

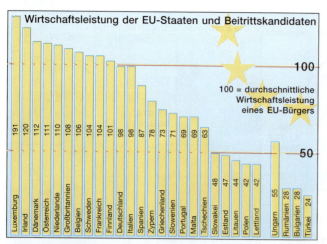

### Reiche und Arme in der EU
Ein großes Problem in der EU ist der Unterschied zwischen reichen und armen Gebieten. In manchen Gegenden (z.B. in Industriegebieten und Gebieten mit fruchtbarem Ackerland) verdienen die Menschen viel Geld.
In anderen Gebieten der EU ist die Wirtschaftsleistung der Menschen geringer, weil sie unter ungünstigem Klima, unfruchtbaren Böden oder Mangel an Bodenschätzen und Industrieanlagen leiden.

① Wo liegen die Gebiete mit geringer Wirtschaftsleistung?

_____

_____

### Hilfe für arme Gebiete
Um den Unterschied zwischen armen und reichen Gebieten auszugleichen stellt die EU viel Geld zur Verfügung. Mit den Geldern werden Industrieanlagen, Bewässerungsanlagen und Straßen gebaut. Es werden neue Arbeitsplätze geschaffen, die nötigen Wohnungen dazu gebaut, Ausbildungsstätten errichtet - und vieles mehr. Damit das ständige Auf und Ab der europäischen Währungen nicht mehr zu erheblichen Arbeitsplatzverlusten führt, soll eine Europäische Währungsunion Abhilfe schaffen.

② Welche Ziele der Strukturpolitik hältst du für besonders wichtig?

_____

_____

### Europa ist weiter als mancher denkt
Trotz großer Schwierigkeiten und mancher Rückschläge hat die EU doch bis heute viel erreicht.
Wir können heute

- leichter über die Grenzen in Europa reisen;
- in jedem EU-Land arbeiten;
- Waren aus allen EU-Ländern ohne Zollaufschlag kaufen.

③ Erkundige dich im Supermarkt, welche Waren (Lebensmittel) aus den anderen EU-Ländern bei uns angeboten werden. Stelle sie auf einem Zusatzblatt zusammen.

Ein weiterer Fortschritt Europas ist die Einführung einer gemeinsamen Währung. Ab dem 1.1.2002 wurden in 12 EU-Ländern die geltenden nationalen Währungen durch den Euro (Abk. EUR, Zeichen €) ersetzt. An der Europäischen Wirtschafts- und Währungsunion (EWU) nehmen 12 Länder teil: Belgien, Deutschland, Finnland, Frankreich, Griechenland, Irland, Italien, Luxemburg, Niederlande, Österreich, Portugal und Spanien.
Die nebenstehende Grafik zeigt weitere Erfolge auf, die in der EU erreicht wurden.

④ Schreibe auf ein Zusatzblatt, welche der vier Freiheiten im Binnenmarkt der EU dich am meisten interessieren.

# Das „deutsche Wirtschaftswunder"

Nach der Gründung der BR Deutschland (1949) nahm die Wirtschaft einen ungeheuren Aufschwung. 10 Jahre später wurden bereits mehr Industriegüter hergestellt als vor dem Krieg. Weitere 10 Jahre später war die BR Deutschland nach den USA und der UdSSR die drittgrößte Industrienation. Überall in der Welt sprach man vom **„deutschen Wirtschaftswunder"**.

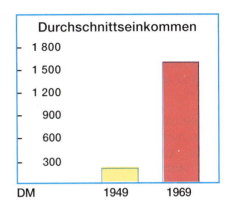

① 1949 verdiente ein Bundesbürger ungefähr _____ DM monatlich.

20 Jahre später _____

Jede Figur = 10 Personen

② 1949 besaß jeder Hundertste ein Auto.

20 Jahre später _____

| Priv. Geldvermögen | 1949 | 1969 |
|---|---|---|
| | 20 Mrd. | 340 Mrd. |

Ludwig Erhard

③ Vervollständige die Säulengrafik.

Großen Anteil am deutschen Wirtschaftswunder hatte der erste Wirtschaftsminister der BR Deutschland, Ludwig Erhard. Er führte die **Soziale Marktwirtschaft** ein. Man unterscheidet Freie Marktwirtschaft - Soziale Marktwirtschaft und Planwirtschaft.

| Freie Marktwirtschaft | Soziale Marktwirtschaft | Planwirtschaft |
|---|---|---|
| ④ Klebe die Textkärtchen ein, die du auf dem Ausschneidebogen findest. | | |

Schon kurz nach dem 2. Weltkrieg begann ein neuer, ein „kalter Krieg" zwischen Ost und West („kalter Krieg" - Auseinandersetzung **ohne** Waffengewalt). Die Westmächte hatten Angst vor einem „heißen Krieg".

⑤ „Heißer Krieg" = _____

Deshalb wollten sie die wirtschaftlich mächtige BR Deutschland als Bundesgenossen. Sie gaben ihr 1955 die volle Souveränität (Unabhängigkeit) zurück. Die BR Deutschland wurde Mitglied der NATO. Jetzt entstand die Bundeswehr, die helfen sollte den Westen im Notfall gegen den Osten zu verteidigen.

Die BR Deutschland bekennt sich zum W _____

Alle Bundesbürger halfen beim W _____

Die Westmächte wünschten die W _____

Der Wunsch aller Bundesbürger ist die W _____

⑥ Setze ein: Wiederbewaffnung - Westbündnis - Wiedervereinigung - Wiederaufbau

# Aussöhnung mit dem Westen - Annäherung an den Osten

> „Man bekämpft sich, weil man sich hasst, und man hasst sich, weil man sich nicht kennt."

① Diskutiert mit eurem Lehrer über diesen Ausspruch eines französischen Politikers. Deutsche und Franzosen haben in kurzer Zeit dreimal gegeneinander Krieg geführt: 1870/71, 1914-1918 und 1939-1945. Millionen Menschen haben dabei ihr Leben verloren.

„Nie wieder Krieg zwischen diesen beiden Völkern", riefen Tausende von Franzosen und Deutschen nach dem letzten Krieg und bemühten sich um Verständigung und Versöhnung. 1963 schlossen Frankreich und Deutschland einen Freundschaftsvertrag.

Bundeskanzler Adenauer und der französische Staatspräsident de Gaulle unterzeichnen den deutsch-französischen Freundschaftsvertrag.

Viele deutsche Familien machen seitdem gemeinsam mit französischen Familien Urlaub. Im Schüleraustausch fahren deutsche Schüler nach Frankreich und französische kommen nach Deutschland.

Deutsche Studenten studieren in Frankreich.
Französische Studenten _____

Deutsche Lehrer unterrichten in _____
F_____

Auch mit anderen westlichen Völkern schloss die Regierung Adenauer Freundschaft.

1969 wurde der SPD-Politiker Willy Brandt deutscher Bundeskanzler. Er versuchte durch eine neue Ostpolitik die Feindschaft mit den östlichen Nachbarn abzubauen.

1970 schloss die Bundesregierung Verträge mit der UdSSR und mit Polen ab, 1973 mit der CSSR. Die CDU/CSU-Opposition bekämpfte zunächst sehr stark die Ostverträge. Sie hielt sie für einen „Ausverkauf" deutscher Interessen ohne irgendeine Gegenleistung. Als im Parlament über die Ostverträge abgestimmt wurde, entschied sie sich aber für Stimmenthaltung.

| Einen Auszug aus dem Moskauer Vertrag findest du auf dem Ausschneidebogen. ② Klebe ihn hier ein. | Einen Auszug aus dem Warschauer Vertrag findest du auf dem Ausschneidebogen. ③ Klebe ihn hier ein. |
|---|---|

④ Lies den Auszug aus dem Moskauer Vertrag aufmerksam durch und schreibe auf, was die BR Deutschland und die UdSSR als wichtigstes Ziel ihrer Politik ansehen.

_____
_____

⑤ Ergänze die Lücken

Im Polen-Vertrag wird die Linie entlang der Flüsse _____ und _____ als Grenze Polens anerkannt. Die BR Deutschland und Polen wollen Streitfragen nur mit _____ Mitteln lösen. Sie wollen auf _____ , _____ und _____ Gebiet zusammenarbeiten.

# Die Beziehungen zwischen den beiden deutschen Staaten

Nach dem 2. Weltkrieg entwickelten sich zwei verschiedene deutsche Staaten:
   die demokratische Bundesrepublik (- nach westlichem Vorbild -) und
   die kommunistische DDR (- nach sowjetischem Vorbild -)

Die Gegensätze zwischen den beiden Staaten waren so groß, dass an eine baldige Wiedervereinigung nicht gedacht werden konnte. Trotzdem versuchten die beiden deutschen Staaten ihr Verhältnis zueinander nach und nach zu verbessern.

Im März und im Mai 1970 kam es erstmals zu einem Gespräch zwischen den beiden Regierungschefs und zwar in Erfurt und in Kassel.

① In welchem Teil Deutschlands liegt Erfurt, in welchem Kassel?

Der DDR-Ministerpräsident Willi Stoph begrüßt Bundeskanzler Willy Brandt auf dem Erfurter Hauptbahnhof.

Erfurt liegt in der _____. Kassel _____

1971 schlossen die Botschafter der vier Großmächte ein Abkommen über Berlin.

Einen Auszug aus dem Viermächteabkommen findest du auf dem Ausschneidebogen.
② Klebe ihn hier ein.

③ Wer waren die vier Großmächte, die über Berlin bestimmten? _____

④ Auf welchem Gebiet brachte der Vertrag Erleichterungen? _____

Nach Abschluss des Viermächteabkommens über Berlin setzten sich Vertreter der Bundesregierung, des Berliner Senats und der DDR-Regierung zusammen und verhandelten über den Reiseverkehr von Westberlin nach Ostberlin und in die DDR. Danach war es für die Bewohner Westberlins leichter geworden ihre Verwandten oder Freunde in Ostberlin zu besuchen. 1973 trat ein Vertrag über die Grundlagen der Beziehungen zwischen der BR Deutschland und der DDR in Kraft.

Einen Auszug aus dem Grundvertrag findest du auf dem Ausschneidebogen.
⑤ Klebe ihn hier ein.

⑥ Lies den Auszug aus dem Grundvertrag gut durch und fülle den folgenden Lückentext aus:

Durch den Grundvertrag zwischen der BR Deutschland und der DDR sollten normale und gut nachbarliche _____ hergestellt werden. Beide Staaten wollten Streitfragen nur mit _____ lösen. Sie wollten die bestehenden _____ anerkennen und auf folgenden Gebieten zusammenarbeiten: Auf dem Gebiet der

W _____

Nach dem Grundvertrag kam es zwischen der Bundesrepublik Deutschland und der DDR zu weiteren Vereinbarungen:
- Flüchtlinge aus der DDR wurden in der DDR nicht mehr als DDR-Bürger weitergeführt;
- westdeutsche Berichterstatter waren in der DDR zugelassen;
- beide Staaten unterhielten eine „Ständige Vertretung";
- die Bundesrepublik verzichtete darauf Bundestagssitzungen in Berlin (West) abzuhalten.
Die weitere Entwicklung in Deutschland findest du auf den Seiten 81 - 84.

# Wir leben in einem demokratischen Staat

Nach der schrecklichen Nazidiktatur und dem verlorenen Krieg entstand die

**Bundesrepublik Deutschland**

Sie ist ein demokratischer Staat. Ziel einer Demokratie ist es dem Bürger so viel Mitbestimmung zu gewährleisten wie möglich.

Wie das in der Bundesrepublik versucht wird, kannst du auf den folgenden Seiten erfahren.

① Lies noch einmal die Seite 38. Dort steht, welch große Bedeutung der 23. Mai 1949 für die Bundesrepublik hat.

② Bitte deinen Lehrer dir ein Grundgesetz zu geben. Bei der Bearbeitung der folgenden Seiten wirst du es häufig gebrauchen.

**Das Grundgesetz**

ist die Verfassung unseres Landes. Die nebenstehende Grafik zeigt dir die Gliederung des GG.

## Das Grundgesetz der Bundesrepublik Deutschland
### Gliederung

| Abschnitt | | Vorwort: Präambel | Artikel |
|---|---|---|---|
| I | | Die Grundrechte | 1 - 19 |
| II | | Der Bund und die Länder | 20 - 37 |
| III | | Der Bundestag | 38 - 49 |
| IV | | Der Bundesrat | 50 - 53 |
| V | | Der Bundespräsident | 54 - 61 |
| VI | | Die Bundesregierung | 62 - 69 |
| VII | | Die Gesetzgebung des Bundes | 70 - 82 |
| VIII | | Ausführung der Bundesgesetze, Bundesverwaltung | 83 - 91 |
| IX | | Die Rechtsprechung | 92 - 104 |
| X | | Das Finanzwesen | 105 - 115 |
| XI | | Übergangs- und Schlussbestimmungen | 116 - 146 |

Jeder Mensch hat Rechte und Freiheiten, in die der Staat nicht eingreifen darf. Es sind die Grundrechte eines Menschen. Auf diesen Grundrechten ist unser Grundgesetz aufgebaut.

③ Auf dem Ausschneidebogen findet du Textkärtchen, die einige Grundrechte erläutern. Klebe sie in die entsprechenden Felder.

④ Lies auch die entsprechenden Art. des GG.

| Freiheit der Person Art. 2 | Gleichheit vor dem Gesetz Art. 3 | Freiheit des Glaubens und Gewissens Art. 4 | Freiheit der Meinungsäußerung Art. 5 | Recht auf freie Berufswahl Art. 12 |
|---|---|---|---|---|
| | | | | |

Aber:
Entspricht die Wirklichkeit in der Bundesrepublik immer den Forderungen des Grundgesetzes?

⑤ Lest die folgenden Texte. Diskutiert darüber, ob so etwas in der Bundesrepublik vorkommt. Überlegt, gegen welche Grundrechte hier verstoßen wird.

---

Ein Gastwirt stellt ein Schild ins Fenster
    Ausländer unerwünscht!

---

In einer Zeitungsanzeige steht:
Wohnung zu vermieten.
Nur an kinderloses älteres Ehepaar.

---

In einer Fabrik leisten Männer und Frauen die gleiche Arbeit. Die Frauen bekommen aber weniger Stundenlohn.

---

Klaus möchte gern Schlosser werden. Das Arbeitsamt kann ihn nicht vermitteln. Er findet keinen Ausbildungsplatz.

---

Ein Unternehmen stellt nur katholische Männer und Frauen als Mitarbeiter ein.

---

Ein Mann wird arbeitslos. Er muss vorübergehend in eine ganz einfache Wohnung ziehen. Er stellt fest: Jedes Mal, wenn er sich bei einem Arbeitgeber vorstellt und seine Adresse angibt, bekommt er die Stelle nicht.

# Wahlen in der Bundesrepublik

Klaus weiß natürlich, was eine Wahl ist. In der Schule hat er sich bei der Wahl des Klassensprechers beteiligt. Er weiß, wie Schülerrat und Schulsprecher gewählt wurden.
Der Begriff „Kommunalwahl" ist ihm aber fremd. Als er seine Mutter danach fragt, verweist sie ihn auf das Lexikon.

① Sie im Lexikon nach, was du unter „Kommune" oder „Kommunal" findest.

Klaus erfährt aus seinem Lexikon:
Kommune bedeutet: Gemeinde
Kommunalpolitik: Gemeindepolitik

Klaus ist noch nicht mündig. Wenn er 18 Jahre alt ist, hat er auch das Recht an öffentlichen Wahlen teilzunehmen. Er darf dann wählen (aktives Wahlrecht) und kann auch gewählt werden (passives Wahlrecht).
② Lies dazu Art. 38 Abs. 2 des GG.
In Abs. 1 dieses Artikels heißt es: Wahlen sind **allgemein - unmittelbar - frei - gleich - geheim**. Die Bedeutung dieser Wörter findest du auf Textkärtchen auf dem Ausschneidebogen.

③ Klebe sie in die passenden Felder.
Diese Grundsätze gelten für alle Wahlen, die in der Bundesrepublik stattfinden.

| allgemein | unmittelbar | frei | gleich | geheim |
|---|---|---|---|---|
|  |  |  |  |  |

Am Wahlsonntag geht Klaus mit seinen Eltern zur Schule. Dort ist nämlich das Wahllokal, in dem seine Eltern wählen.
Auf dem Bild kannst du erkennen, wie bei uns gewählt wird.

④ Setze im folgenden Text die fehlenden Wörter ein.
Der Wähler geht zum Tisch des Wahlvorstandes und zeigt seinen _____ vor.
Damit er nicht zweimal wählen kann, wird sein Name in der _____ abgehakt. Dann bekommt er einen _____.
In der Wahlkabine erfolgt das _____
Zum Schluss erfolgt die _____

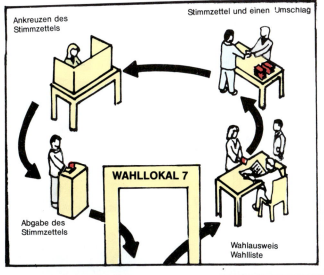

# Die politischen Parteien in der Bundesrepublik

Klaus wohnt in Münster. Am Tag nach der Wahl erfährt er das Wahlergebnis aus der Zeitung.
Die CDU hat 36 Sitze bekommen.
Die SPD hat 17 Sitze bekommen.
Die Grünen haben 8 Sitze bekommen.
Die F.D.P. hat 3 Sitze bekommen.
Außerdem haben noch 2 kleinere Parteien je einen Sitz bekommen.
**CDU, SPD, FDP** und **die Grünen** sind die bekanntesten **Parteien**.
Es gibt noch mehrere kleine Parteien. Um ins Parlament zu kommen braucht man wenigstens 5% der Wählerstimmen.

Jede Partei stellt vor einer Wahl **Kandidaten** auf. Auf Wahlversammlungen werden sie den Bürgern vorgestellt. Jede Partei hat ein Programm aufgestellt. Darin erklärt sie, welche Ziele sie hat, was sie durchsetzen will, wenn sie die stärkste Partei wird.
Im Parlament schließen sich die Abgeordneten einer Partei zu einer **Fraktion** zusammen. Dazu müssen sie aber wenigstens 3 Sitze haben.
In Art. 21 des GG steht etwas über die Aufgaben der politischen Parteien.

① Lies ihn durch. Auf dem Ausschneidebogen findest du dazu noch Bilder.
② Klebe sie in die Leerfelder über den Text.

| | | |
|---|---|---|
| Bürger können Mitglied einer Partei werden. Mithilfe der Partei können sie sich dann politisch betätigen und Verantwortung für die Gemeinschaft übernehmen. Sie können durch die Partei wichtige Ämter bekommen. | Jede Partei hat ein Programm, das sie den Bürgern vorstellt. Wenn die Bürger die verschiedenen Programme kennen, können sie sagen: „Ja, da stimme ich zu" oder: „Nein, das lehne ich ab." | Oberstes Ziel jeder Partei ist es die Regierung zu übernehmen. Erst wenn sie die stärkste Partei ist, hat sie die Macht ihre Ziele durchzusetzen. Darauf hoffen ihre Mitglieder und ihre Wähler. |

③ Lies oben noch einmal nach:
Wie viele Mitglieder hat der Rat der Stadt Münster? _____

Welche ist die stärkste Partei? _____
Über wie viele Abgeordnetensitze (Mandate) verfügt sie im Stadtrat? _____

Die CDU-Fraktion hat die absolute Mehrheit, d.h. sie verfügt über mehr als die Hälfte aller Sitze. Bei Abstimmungen kann sie ihre Vorstellungen durchsetzen. Sie stellt den Bürgermeister.
In der Stadt Recklinghausen ist das ganz anders.
Der Rat der Stadt Recklinghausen hat 58 Mitglieder.
Davon gehören  27 der CDU an    22 der SPD an
              2 der F.D.P. an    2 den Grünen an.
Außerdem haben zwei andere Gruppen zusamme 5 Sitze bekommen.

④ Welche Partei ist die stärkste? _____
Über wie viele Sitze verfügt sie? _____

In Recklinghausen verfügt die stärkste Partei nicht über die absolute Mehrheit, d.h. sie kann ihre Vorstellungen nur mit Zustimmung anderer Parteien durchsetzen. Auch bei der Wahl des Bürgermeisters ist sie auf die Stimmen aus anderen Parteien angewiesen.

⑤ Überlege, hätte die CDU nur mit Zustimmung der F.D.P. ihren Kandidaten durchsetzen können?

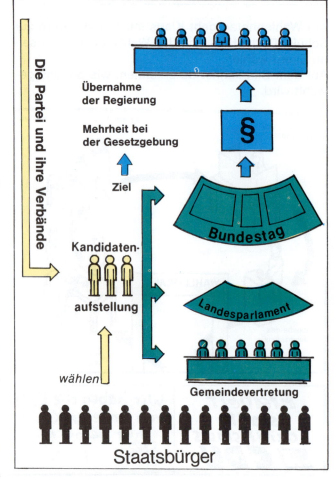

# Gemeinderat und -verwaltung arbeiten eng zusammen

① Ergänze die angefangenen Sätze und beantworte die gestellten Fragen.

Bei der Kommunalwahl wählen die Bürger der Gemeinde den _____

Wie viele Mitglieder hat der Rat deiner Gemeinde?
Wie viele Frauen sind darunter? _____
Wie viel Prozent sind das? _____

Nenne die Berufe einiger Ratsmitglieder (Erkundige dich beim Rathaus. Anruf genügt).
_____
_____
_____

In manchen Bundesländern wählt der Gemeinderat den _____ , in einigen wird er auch von den Bürgern direkt gewählt.

Welche Parteien sind im Rat deiner Gemeinde vertreten?
_____

Über wie viele Sitze verfügen die einzelnen Parteien?
_____

Wie heißt der Bürgermeister deiner Gemeinde?
_____

Welcher Partei gehört er an? _____
Der Gemeinderat wählt auch den _____

Nenne einige Ämter, Behörden, Einrichtungen deiner Gemeinde (du brauchst nur auf den Wegweiser im Rathaus zu schauen oder im Telefonbuch unter Gemeinde- bzw. Stadtverwaltung nachzuschlagen).
_____
_____
_____

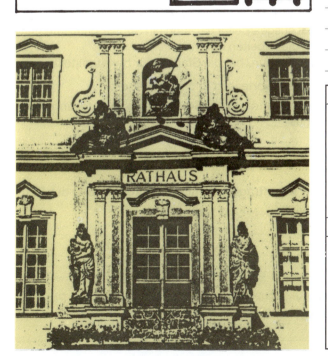

| Aufgaben des Gemeinderates |
|---|
|  |

② Auf dem Ausschneidebogen findest du Textkärtchen zu den unterschiedlichen Aufgaben des Rates und der Verwaltung. Klebe sie in die entsprechenden Felder.

| Aufgaben der Gemeindeverwaltung |
|---|
|  |

# Die Gemeinden haben viele Aufgaben

Die Bilder zeigen einige Aufgaben einer Gemeinde. ① Beschreibe sie!

② Lies den folgenden Text. Er wurde von der Stadt Recklinghausen im Internet veröffentlich. Damit will sie ihre Bürger über Tief- und Straßenbauprojekte im Jahr 2002 und 2003 informieren. Sie sollen erfahren, wann und wo die Arbeiten stattfinden, warum sie notwendig geworden sind und was alles gemacht werden muss.

Tiefbauprojekt (Kanalisation) Innenstadt:

> Ende Januar bis Mitte April 2002 findet der erste Bauabschnitt statt. Die zweite Phase dauert bis Ende September. In der Vergangenheit bot die Innenstadt nach starken Regenfällen kein schönes Stadtbild: Überflutete Keller, überschwemmte Straßen und Bürgersteige sind die Folge eines alten Kanalnetzes. Durch die Modernisierung wird das Überschwemmungs-Risiko für Kellerräume geringer. Neue Gehwege verhindern die Pfützenbildung und eine neue Fahrbahndecke erhöht die Verkehrssicherheit. Zwischen Castroper Straße und Herner Straße wird eine ca. 600 m lange Abwasserleitung gebaut.

Straßenbauprojekt Kurt-Schumacher-Allee:

> Gebaut wird hier von Mitte April 2002 bis Sommer 2003. Die Allee leitet künftig den Verkehr von den südlichen Stadtteilen in die Innenstadt. Sie entlastet auf diese Weise die Herner Straße. Mit beidseitigen Rad- und Gehwegen, einer Mittelinsel für mehr Sicherheit und vielen Bäumen wird die Allee Recklinghausen noch grüner und schöner machen.
> Die Kurt-Schumacher-Allee wird um 720 m verlängert und vierspurig ausgebaut. Außerdem erhält dieses Teilstück einen neuen Straßenentwässerungskanal.

③ Beantworte zunächst zum Tiefbauprojekt diese Fragen: Wann finden die Arbeiten statt?

___

Wo finden die Arbeiten statt?

___

Warum sind die Arbeiten notwendig geworden?

___

Was wird gemacht?

___

④ Beantworte jetzt die gleichen Fragen zum Straßenbauprojekt auf einem zusätzlichen Blatt.

Bevor die Arbeiten aber beginnen konnten, musste alles genau geplant werden. Die Stadt Recklinghausen gab einem Ingenieurbüro den Auftrag einen Plan zur Modernisierung der Kanalisation aufzustellen. Dann gab sie einer Tiefbaufirma den Auftrag diesen Plan auszuführen.
Genau so geschah es mit dem Straßenbauprojekt. Nachdem ein Ingenieurbüro die Pläne im Auftrag der Stadt ausgearbeitet hat, führt ein Straßenbau-Unternehmen die Arbeiten durch.
14,5 Mio Euro hat die Stadt dafür bereitgestellt.

⑤ Beantworte jetzt folgende Fragen:

Wen beauftragte die Stadt mit der Aufstellung eines Planes?

___

Wen beauftragte sie mit der Durchführung der Bauarbeiten?

___

Wie viel Geld muss die Stadt für die beiden Projekte ausgeben?

___

## Gemeinden schließen sich zusammen

① Wie viel Geld hat deine Familie jährlich zur Verfügung? Schätze. _____

Woraus setzt sich das Familieneinkommen zusammen?
_____
_____

Wofür gibt deine Familie das meiste Geld aus?
_____
_____

Fragt eure Eltern, ob ihr einigermaßen richtig geschätzt habt.

Das Kreisdiagramm zeigt die Ausgaben der Stadt Recklinghausen im Jahr 2002

② Überlegt: Woher bekommt die Stadt das Geld?

③ Wofür gibt sie das meiste Geld aus? Male diesen Teil des Diagramms farbig aus.

Soziale Sicherung bedeutet, die Gemeinde leistet Hilfe zum Lebensunterhalt und in besonderen Lebenslagen (Sozialhilfe), sie kommt für Asylbewerber auf. Sie zahlt für Alteneinrichtungen, Einrichtungen für Behinderte und vieles mehr.

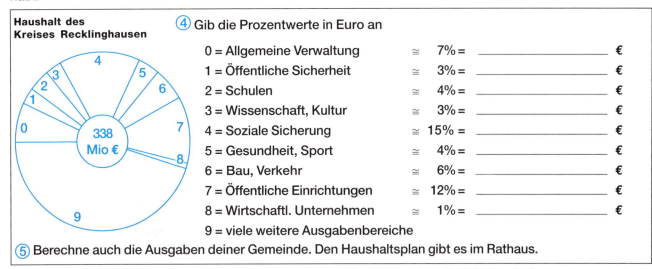

**Haushalt des Kreises Recklinghausen** — 338 Mio €

④ Gib die Prozentwerte in Euro an

- 0 = Allgemeine Verwaltung ≅ 7% = _____ €
- 1 = Öffentliche Sicherheit ≅ 3% = _____ €
- 2 = Schulen ≅ 4% = _____ €
- 3 = Wissenschaft, Kultur ≅ 3% = _____ €
- 4 = Soziale Sicherung ≅ 15% = _____ €
- 5 = Gesundheit, Sport ≅ 4% = _____ €
- 6 = Bau, Verkehr ≅ 6% = _____ €
- 7 = Öffentliche Einrichtungen ≅ 12% = _____ €
- 8 = Wirtschaftl. Unternehmen ≅ 1% = _____ €
- 9 = viele weitere Ausgabenbereiche

⑤ Berechne auch die Ausgaben deiner Gemeinde. Den Haushaltsplan gibt es im Rathaus.

Um größere Aufgaben besser erfüllen zu können schließen sich mehrere kleine Gemeinden zu Kreisen zusammen. Bei der Kommunalwahl werden auch die Abgeordneten des **Kreistages** gewählt. Sie beraten und beschließen über Gemeinschaftsaufgaben des Kreises. Die **Kreisverwaltung** führt sie dann aus.

Der Kreis Recklinghausen ist der bevölkerungsreichste Kreis der Bundesrepublik Deutschland.

Hohe zusätzliche Kosten für den Kreis durch Schulsanierung

> Im PCB belasteten Berufskolleg in Recklinghausen kann nach den Sommerferien der Unterricht wieder planmäßig anfangen. Die Kolleg-Schule am Kuniberg wurde in den Sommerferien 2002 saniert. Die 18 Räume mit der höchsten Belastung sind jetzt giftfrei. 60 weitere Klassenräume sollen im neuen Schuljahr saniert werden. Das kostet rund 1,6 Mio Euro. Diese Ausgaben waren nicht geplant. Sie wurden aber dringend erforderlich, weil PCB als krebsfördernd gilt. Jetzt hoffen alle, dass die Ausgaben für die anderen Schulen des Kreises noch bezahlt werden können. RZ 12.8.02

⑥ Wie viel Euro muss der Kreis zusätzlich für die unvorhergesehene Sanierung einer Schule ausgeben?
_____

Warum mussten die Arbeiten trotz Geldknappheit sofort ausgeführt werden?
_____
_____

Sozialhilfe, eine großes Problem für den Kreis. Im Jahr 2001 musste der Kreis allein dafür 133 Mio Euro ausgeben. 42 000 Menschen waren auf Sozialhilfe angewiesen. Hauptursache dafür ist die hohe Arbeitslosigkeit in dieser Region. Von den 660 000 Einwohnern des Kreises waren im Jahr 2000 37 000 arbeitslos. Wenn Menschen sehr lange arbeitslos sind, bekommen sie keine Unterstützung mehr vom Arbeitsamt. Sie sind auf Sozialhilfe angewiesen.

Viele allein erziehende Mütter und Väter müssen ihre kleinen Kinder betreuen. Sie können deshalb nicht zur Arbeit gehen. Auch sie sind auf Sozialhilfe angewiesen. So wie im Kreis Recklinghausen verhält es sich in vielen Kreisen und Gemeinden der Bundesrepublik.

⑦ Lies dazu den folgenden Zeitungsausschnitt.

> **Wieder mehr Sozialhilfeempfänger**
> **Wiesbaden** Erstmals seit 1998 hat es im vergangenen Jahr wieder einen Anstieg der Zahl der Sozialhilfeempfänger gegeben. Grund dafür ist die deutliche Zunahme der Leistungsempfänger in den neuen Bundesländern. Ende 2001 bezogen in Deutschland rund 2,7 Millionen Menschen „laufende Hilfe zum Lebensunterhalt" wie das Statistische Bundesamt in Wiesbaden gestern mitteilte. In den neuen Bundesländern erhielten 379 000 Menschen Sozialhilfe und damit 7,5 % mehr als im Jahr 2000. In Westdeutschland blieb der Anteil der Empfänger im Vergleich zum Vorjahr unverändert. Als Ursache für den Anstieg bei der Zahl der Empfänger vermuten die Statistiker vor allem höhere Arbeitslosigkeit. Rund 682 000 Sozialhilfeempfänger waren arbeitslos gemeldet, gegenüber 2000 ein Anstieg um fast 6%. Eine Million Minderjährige beziehen Sozialhilfe.

## Die Bundesrepublik besteht aus vielen Ländern

Die Bundesrepublik setzt sich aus sechzehn Bundesländern zusammen.

① Schreibe ihre Namen auf (siehe auch S. 69).

1. _____
2. _____
3. _____
4. _____
5. _____
6. _____
7. _____
8. _____
9. _____
10. _____
11. _____
12. _____
13. _____
14. _____
15. _____
16. _____

Jedes dieser Länder ist ein kleiner Staat im großen Staat.

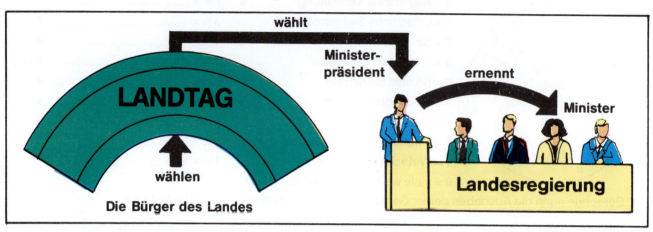

② Vervollständige mithilfe der Skizze die folgenden Sätze.

Die Bürger des Landes wählen _____

Die Abgeordneten des Landtages wählen _____

Der Ministerpräsident ernennt _____

Ministerpräsident und Minister bilden die _____

Das Grundgesetz regelt die Aufgaben der Länder und des Bundes.

③ Lies auf S. 60 nach, welche Artikel des Grundgesetzes die Aufgabenverteilung festlegen.
Für bestimmte Sachgebiete weist das GG allein dem Bund die Gesetzgebung zu. Dazu gehören z.B.: Auswärtige Angelegenheiten, Verteidigung, Währung, Post- und Fernmeldewesen.

④ Lies dazu Art. 71-73 des GG.
In folgenden Sachbereichen können die Länder ohne Vorschriften des Bundes entscheiden: Schulwesen, Rundfunk und Fernsehen, Polizeirecht und Gesundheitswesen.
Auf vielen Sachgebieten dürfen Bund und Länder bei der Gesetzgebung „konkurrieren", wetteifern. Der Bund hat dann aber Vorrang.

⑤ Lies dazu Art. 72 des GG.
Die Gesetze werden überwiegend vom Bundestag beschlossen. Die Länder können aber durch den Bundesrat mitwirken (siehe auch S. 69).

⑥ Versucht Art. 31: „Bundesrecht bricht Landesrecht" zu erklären.

⑦ Lies den folgenden Zeitungsausschnitt.
Diskutiert: Warum kann es bei der Entscheidung über den Bau der Autobahn zum Konflikt zwischen Bund und Ländern kommen?

### Umstrittene Autobahnen

Der Bundesverkehrsminister will drei Autobahn-Teilstücke als „vordringlich" in den Bundesverkehrswegeplan aufnehmen, die jeweils in Nordrhein-Westfalen Naturschutzgebiete zerstören würden.
Er stellt dazu bereits klar, dass er „keinen Einspruch" dulden werde.
Autobahnen, die von der Regierungsmehrheit im Bundestag beschlossen worden seien, würden auch gebaut. Nordrhein-Westfalens Landesentwicklungsminister erhebt dagegen Einspruch: In den vergangenen zwei Jahrzehnten habe sich die Zahl der Autobahn-Kilometer von 500 auf 1 850 verdreieinhalbfacht, und es sei nun Zeit für umweltbewusstes Handeln in Nordrhein-Westfalen.

# Wir sind alle Bürger der Bundesrepublik

Alle vier Jahre findet die Wahl des Bundestages statt. Dann sind alle wahlberechtigten Bürger der Bundesrepublik aufgefordert die **598 Abgeordneten** des Bundestages zu wählen.

Im Wahllokal bekommt jeder stimmberechtigte Bürger einen Stimmzettel.
Jeder Wähler hat zwei Stimmen.

① Klebe das erklärende Textkärtchen in dieses Feld.

Die Bundesrepublik ist in **299 Wahlkreise** aufgeteilt. Der Kandidat, der in einem Wahlkreis die meisten Stimmen bekommt, ist damit **direkt** in den Bundestag gewählt. Auf diese Weise sind **299** Abgeordnete in den Bundestag gekommen. Das ist die Hälfte aller Sitze.

② Klebe das erklärende Textkärtchen in dieses Feld.

③ Wann findet die nächste Bundestagswahl statt?

In diesem Bundestag sind 603 Abgeordnete. Das sind 5 mehr als vorgesehen (vergleiche oben). Die SPD hat mit den Erststimmen der Wähler 4 Abgeordnete mehr ins Parlament bekommen als ihr – nach Auszählen der Zweitstimmen – eigentlich zustanden. Die CDU bekam auf die gleiche Weise einen Sitz mehr. Diese Sitze nennt man **Überhangmandate**.
**Auf jeder Seite** des Stimmzettels darf nur **ein Kreuz** stehen.
Macht ein Wähler mehr als ein Kreuz auf jede Seite, so ist der Stimmzettel ungültig.
Ist jemand am Wahlsonntag verhindert, so kann er schon vorher schriftlich wählen **(Briefwahl)**. Die Unterlagen dafür kann er bei der Gemeinde (Stadt) anfordern.

So sieht ein Stimmzettel für die Bundestagswahl aus.

# Die Abgeordneten des Bundestages treffen wichtige Entscheidungen

**Bundestag 2002**

[Sitzverteilung: PDS 2 Abgeordnete; Grüne/Bündnis 90 55 Abgeordnete; SPD 251 Abgeordnete; F.D.P. 47 Abgeordnete; CDU/CSU 248 Abgeordnete; Bundestagspräsident; Bank der Regierungsmitglieder; Bank der Bundesratsmitglieder; Rednerpult]

Die nebenstehende Grafik zeigt die Verteilung der Sitze.

① Zähle alle zusammen und vergleiche mit der vorigen Seite.

② Welche Parteien sind im Bundestag 2002 vertreten?

_____

Welche Partei hat die meisten Stimmen bekommen?

_____

Keine der Parteien hat die Hälfte aller Stimmen bekommen. Es kann also keine allein regieren.

③ Welche Parteien sind eine Vereinigung (**Koalition**) eingegangen um gemeinsam zu regieren?

_____

Welche Parteien bilden die Opposition (d.h. sind nicht an der Regierung beteiligt)?

_____

Das Foto zeigt den Plenarsaal. Hier treffen sich die Abgeordneten 2-3-mal in der Woche zu einer Vollversammlung (Plenarsitzung). Sie beraten und stimmen über Gesetze ab. Nur wenn die Hälfte der Abgeordneten anwesend ist, darf abgestimmt werden.
Vorher beraten sich die Abgeordneten noch in kleinen Arbeitsgruppen, den **Ausschüssen**.

Hat eine Partei mehr als 3 Abgeordnete schließen sie sich zu einer Fraktion zusammen. Bei Abstimmungen sprechen sich die Mitglieder einer **Fraktion** vorher ab und stimmen dann gemeinsam mit „ja" oder „nein". Es kann aber niemand dazu gezwungen werden.

④ Lies dazu Art. 38.1 des GG.
Wonach müssen sie sich nur richten? _____

Aufgaben des Bundestages:

1. Wahl des Bundeskanzlers — *Der Bundestag wählt*
2. Beratung und Beschluss von Gesetzen — *Er berät*
3. Entscheidung über Einnahmen und Ausgaben des Bundes — *Er entscheidet*
4. Genehmigung von Verträgen mit anderen Staaten — *Er*
5. Kontrolle der Regierung — *Er*
6. Mitwirkung bei der Wahl des Bundespräsidenten — *Er*
7. Mitwirkung bei der Wahl hoher Richter — *Er*

# Der Bundesrat ist ein Bindeglied zwischen Bund und Ländern

Auf Seite 66 hast du die Namen der 16 Bundesländer aufgeschrieben.
① Nenne sie noch einmal. Die Regierungen der einzelnen Bundesländer dürfen Vertreter nach Bonn schicken. Diese Vertreter bilden den **Bundesrat**. Durch ihn haben die Länder die Möglichkeit beim Bund mitzubestimmen.
② Lies dazu Art. 50 des GG.

Das Bindeglied zwischen Bund und Ländern ist der Bundesrat. Er sorgt dafür, dass es trotz der Aufgabenverteilung nicht zu einem unauflöslichen Gegensatz zwischen dem Gesamtstaat und den Gliedstaaten kommt.

Aus der folgenden Grafik kannst du entnehmen, wie viele Vertreter jedes Bundesland in den Bundesrat schicken kann. ③ Lies dazu auch Art. 51 Abs. 2 des GG.

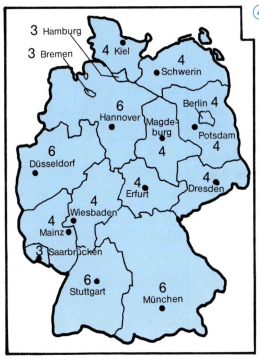

④ 1. Schleswig-Holstein **hat 4 Bundesratsmitglieder**
2. Hamburg **hat** _____
3. Bremen _____
4. Niedersachsen _____
5. Nordrhein-Westfalen _____
6. Hessen _____
7. Rheinland-Pfalz _____
8. Saarland _____
9. Baden-Württemberg _____
10. Bayern _____
11. Mecklenburg-Vorpommern _____
12. Brandenburg _____
13. Sachsen-Anhalt _____
14. Thüringen _____
15. Sachsen _____
16. Berlin _____

⑤ Wie viele Mitglieder hat der Bundesrat insgesamt?

**Dies sind die Wappen der 16 Bundesländer:**

Bremen — Hamburg — Schleswig-Holstein — Brandenburg — Mecklenburg-Vorpommern — Berlin — Niedersachen — Nordrhein-Westfalen

Sachsen-Anhalt — Sachsen — Thüringen — Saarland — Rheinland-Pfalz — Baden-Württemberg — Hessen — Bayern

# Ein Gesetz entsteht

Im Fernsehen, im Radio, in der Presse wurde häufig diskutiert, ob der Dienst in der Bundeswehr verlängert oder verkürzt werden soll.

① Diskutiert die beiden Meinungen. Lest dazu die Art. 4 und 12a des GG. Wer bestimmt, ob die Bundeswehrzeit verlängert wird oder nicht?

② Kreuze den Satz an, den du für richtig hältst.

Der Verteidigungsminister hat darüber zu bestimmen. ○
Der Bundeskanzler hat darüber zu bestimmen. ○
Die Entscheidung treffen die Abgeordneten des Bundestages. ○

Darüber kann in der Bundesrepublik nicht einfach jemand bestimmen! Bis zur Entscheidung ist es ein langer Weg:
Die Bundesregierung (Kanzler, Minister) kann ein Gesetz vorschlagen, in dem die Wehrpflicht verlängert oder verkürzt wird.
In der **ersten Lesung** (= Beratung) beraten die Abgeordneten des Bundestages über diesen Vorschlag. Dann wird der Gesetzentwurf an den **Fachausschuss** weitergeleitet und dort beraten. In diesem Fall ist der Verteidigungsausschuss zuständig. Er geht den Entwurf des neuen Gesetzes Punkt für Punkt durch. Die Mitglieder des Ausschusses lassen sich von Fachleuten informieren und beraten. Manchmal verändern sie den Entwurf auch. Dann leiten sie ihn zur **zweiten Lesung** im Bundestag weiter. Die Mitglieder des Ausschusses empfehlen dabei den Entwurf oder lehnen ihn ab. Wurde er empfohlen, gibt es eine **dritte Lesung mit der Schlussabstimmung**.
Damit ist ein Gesetz aber noch nicht wirksam. Viele Gesetze müssen an den **Bundesrat** weitergeleitet werden. Wenn er zugestimmt hat, müssen der **Fachminister** (in unserem Fall der Verteidigungsminister) und der **Bundeskanzler** unterschreiben. Als letzter unterschreibt der **Bundespräsident** das Gesetz. Dann wird es im **Bundesgesetzblatt** verkündet und tritt 14 Tage danach in Kraft.

③ Ordne die folgenden Begriffe und schreibe sie in der richtigen Reihenfolge in die nebenstehenden Leerkästchen:

Erste Lesung im Bundestag - zweite Lesung im Bundestag - dritte Lesung im Bundestag mit Schlussabstimmung - Zustimmung durch den Bundesrat - Beratung im Fachausschuss - Unterschrift des Bundespräsidenten - Unterschrift der Regierung (Kanzler, Minister) - Verkündigung im Bundesgesetzblatt.

Gesetzentwürfe vorlegen können: der Bundestag,
 die Regierung,
 der Bundesrat.

\* Der Bundesrat muss nicht bei allen Gesetzen zustimmen. In den Art. 70-82 des GG wird das genau beschrieben und festgelegt.

**Der Weg eines Gesetzes:** ↓

Erste Lesung im Bundestag

dann ↓

dann ↓

dann ↓

dann ↓

dann ↓

dann ↓

dann ↓

14 Tage danach tritt das Gesetz in Kraft.

# Ein Gesetz wird vollzogen

Elke, Frank und Katrin sind Schüler einer Abschlussklasse. Sie unterhalten sich.

① Lies dazu den eingerahmten Text.

Für welches Wort steht die Abkürzung „BAföG"?

_____
_____
_____

Damit die Bildungschancen eines jungen Menschen nicht mehr nur vom Geldbeutel der Eltern abhängen, wurde das Bundesausbildungsförderungsgesetz („BAföG") geschaffen. Der Staat fördert Schüler und Schülerinnen (ab Klasse 11, in Ausnahmefällen schon ab Klasse 10) und Studenten und Studentinnen, deren Eltern finanziell nicht in der Lage sind die Kosten für die Ausbildung zu tragen. Seit 1996 können auch Handwerker, die sich auf die Meisterprüfung vorbereiten, Zuschüsse bekommen. Hier die Zahlen, die das Statistische Bundesamt in Wiesbaden für das Jahr 2001 herausgab:

2001 erhielten 408 000 Personen (143 000 Schüler bzw. Schülerinnen und 265 000 Studenten bzw. Studentinnen) Leistungen nach dem BAföG.
Bund und Länder haben im Jahr 2001 für die Ausbildungsförderung 1 655 Mio Euro aufgewendet.
Ein geförderter Schüler erhielt dabei durchschnittlich 288 Euro monatlich und ein geförderter Student durchschnittlich 365 Euro.

Die Ausbildungsförderung soll den Lebensunterhalt sichern helfen.
Die Fachleute in den Ministerien und die Abgeordneten im Bundestag haben bei der Vorbereitung des Gesetzes überlegt, welche Kosten den Schülern und Studenten entstehen, welchen Betrag sie brauchen. Nach diesem „Bedarf" richten sich die Förderungsbeiträge.

Das Parlament hat das Gesetz beschlossen. Die Regierung (Ämter und Behörden) muss es jetzt ausführen.

② Wie viele Studenten bekamen 2001 Zuwendungen durch das BAföG? _____

Wie viele Schüler profitierten vom BAföG? _____

Wie viel Geld bekam ein Student durchschnittlich im Monat?
_____ Wie viel Euro bekam

ein geförderter Schüler im Monat? _____

Wie viel Euro hat der Staat 2001 insgesamt für die Ausbildungsförderung ausgegeben? _____

Weil sie gerecht sein müssen, sind die Bestimmungen leider kompliziert geworden. Deshalb sollte jeder, der für sich oder seine Kinder eine Förderung bekommen möchte, zum **Amt für Ausbildungsförderung** gehen. Das Amt findet man über die Gemeinde- und Stadtverwaltung. Tipp: Anrufen! Fragen! Fragen kostet nichts!
In Bonn hat man auch ein Gesetz erlassen, das eine Beihilfe zur Berufsausbildung vorsieht: **das Arbeitsförderungsgesetz**. Eine gute Berufsausbildung soll am Geld nicht scheitern. Wer lernt und das Geld wirklich braucht, hat Anspruch auf eine Förderung. Zur Ausführung dieses Gesetzes ist ein anderes Amt zuständig. Die Beihilfe muss man beim **Arbeitsamt** beantragen.

③ Fülle das Rätsel sinnvoll aus.

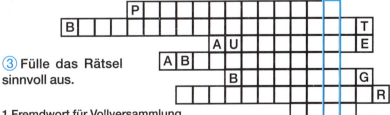

1 Fremdwort für Vollversammlung
2 Wer leitet den Bundestag?
3 Kleine Arbeitsgruppen im Bundestag
4 Mitglieder des Bundestages
5 Wer entscheidet über die Ausgaben des Bundes?
6 Wer wird vom Bundestag gewählt?
7 Wie viele Parteien im Bundestag haben mehr als 100 Abgeordnete?

# In unserer Demokratie ist die Staatsgewalt dreigeteilt

**Früher** lag die Staatsgewalt oft in der Hand **eines** Menschen.
① Betrachte die beiden Bilder. Überlege, wann regierte zuletzt ein Monrach (= Kaiser, König, Fürst) in Deutschland? Wann riss ein Diktator alle Macht an sich?

**Heute** ist in unserem Staat die Macht **aufgeteilt**. Sie liegt nicht in der Hand eines Menschen und auch nicht bei einer Gruppe. Weder das Parlament, noch die Regierung verfügen allein über die Staatsgewalt. In unserer Demokratie ist die

**Staatsgewalt dreigeteilt.**

Früher, an manchen Orten auch heute noch, konnte man die Macht erben. Wer die richtigen Eltern hatte, war schon Fürst, bevor er verstehen konnte, was das ist.

Diktatoren nehmen sich Macht mit Gewalt und üben sie auch mit Gewalt aus. Nicht nur in der Vergangenheit, auch heute noch gibt es Diktaturen.

Eine Gruppe macht die Gesetze, nach denen sich alle richten müssen. Das sind die Abgeordneten, die von den Bürgern gewählt wurden. Sie kontrollieren auch die Regierung, damit diese ihre Macht nicht missbraucht.
Die Gesetze werden überwiegend vom Bundestag beschlossen.
Art. 71-75 des GG.

Eine Gruppe sorgt dafür, dass die Gesetze ausgeführt (vollzogen) werden. Das ist die Regierung mit den vielen Ämtern und Behörden. Der Chef der Regierung wird von den Abgeordneten gewählt.
Die Verwaltungsaufgaben sind zum großen Teil den Ländern übertragen worden. Art. 83-85

Eine Gruppe sorgt dafür, dass die Gesetze auch eingehalten werden. Das sind die Richter. Sie sind unabhängig. Sie dürfen sich nicht von der Regierung beeinflussen lassen. Bei der Wahl der obersten Richter wirken die Abgeordneten mit.
Bei der Rechtsprechung sind Bund und Länder zuständig. Art. 92-96.

Das Gerichtswesen in der Bundesrepublik unterscheidet zwischen der „ordentlichen" und einer „besonderen Gerichtsbarkeit". Die ordentlichen Gerichte urteilen in Streitfällen zwischen verschiedenen Personen (siehe S. 80) und in Strafsachen (siehe S. 75-77). Man spricht von Zivilrecht und von Strafrecht.

☐ unterstehen den Ländern
**Ordentliche Gerichtsbarkeit:**
☐ unterstehen dem Bund

| 1. Instanz | 1. und 2. Instanz | 2. und 3. Instanz | letzte Instanz |
|---|---|---|---|
| Amtsgericht | Landgericht | Oberlandesgericht | Bundesgerichtshof |

Auf Bundes- und auf Länderebene gibt es auch eine **besondere Gerichtsbarkeit**: Die Verwaltungsgerichte schützen den Bürger gegenüber Maßnahmen der Behörden. Die Arbeitsgerichte sind zuständig bei Streitigkeiten zwischen Arbeitgebern und Arbeitnehmern. Die Sozialgerichte sind zuständig beim Streit mit der Sozialversicherung. Das Finanzgericht befasst sich z.B. mit der richterlichen Überprüfung von Steuerbescheiden. Zu den besonderen Gerichten gehören auch die Verfassungsgerichte. Sie überprüfen z.B., ob ein Gesetz gegen die Verfassung des Landes verstößt. Für Verfassungsfragen des Bundes ist das Bundesverfassungsgericht in Karlsruhe zuständig. Es entscheidet auch bei Streitigkeiten zwischen Bund und Ländern oder der Länder untereinander.

② Wo ist der Sitz des Bundesverfassungsgerichtes? _____
③ Was wird vor dem Bundesverfassungsgericht verhandelt? _____

④ Wie heißen die „besonderen Gerichte"? Unterstreiche sie im Text.

# An der Spitze unseres Staates steht der Bundespräsident

Bundespräsident

Alle Bundes-   Genauso viele
tagsabgeord-  Vertreter der
neten     wählt    Länder

Bundesversammlung
(tritt alle 5 Jahre zusammen)

Der Bundespräsident ist das Staatsoberhaupt. Sein Amt ist das höchste in unserem Staat.
2004 wurde Horst Köhler zum Bundespräsidenten gewählt.

① Lies Art. 54 Abs.1; 2; 3.6 des GG.

② Vervollständige den Lückentext.

Der Bundespräsident wird von der _____ gewählt. Die Bundesversammlung besteht aus allen Abgeordneten des _____ und ebenso vielen _____. Sie tritt alle _____ zusammen. Der Bundespräsident kann zweimal gewählt werden. Seine Amtszeit beträgt also höchstens _____.

**Aufgaben des Bundespräsidenten:**
Staatsbesuche im Ausland
Empfang ausländischer Staatsoberhäupter in der Bundesrepublik
Unterschreibt Gesetze
Begnadigungsrecht

③ Lies dazu Art. 59 und 60 des GG.

Die nachfolgende Grafik ist noch einmal eine Zusammenfassung dessen, was du auf den Seiten 60 bis 73 gelernt hast.

④ Vervollständige mit ihrer Hilfe den Lückentext.

## Die Macht geht vom Bürger der Bundesrepublik aus

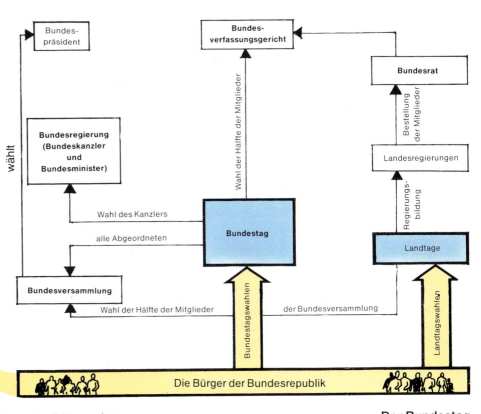

Bei der Bundestagswahl wählen die Bürger den _____. Der Bundestag wählt den _____. Außerdem wählt er die Hälfte der Mitglieder des _____. Alle Abgeordneten des Bundestages gehören der _____ an. Bei den Landtagswahlen wählen die Bürger den _____. Die Landtage wählen die Hälfte der Mitglieder der _____. Die Bundesversammlung wählt den _____. Die Landtage bestimmen die _____. Die Landesregierungen bestellen die Mitglieder des _____. Der Bundesrat wählt die Hälfte der Mitglieder des _____.

# Raubüberfall auf eine Tankstelle

### Jugendliche verüben Raub mit Gaspistolen
Am 20. September 2002 hatte der 19-jährige Dieter St. versucht in der Tankstelle an der Berliner Straße die Kasse zu rauben.
Er hielt der Kassiererin eine Gaspistole vor und forderte das Geld. Doch die 48-jährige Kassiererin schob die Lade zu, schrie laut um Hilfe und schlug mit einem langen Bleistift um sich. Dieter St. steckte die Gaspistole wieder ein und floh.
Am 8. Oktober suchte Dieter St. mit seinem 17-jährigen Freund Ralf K. erneut die Tankstelle auf. Diesmal waren sie schneller als die Kassiererin und raubten die ganze Geldlade mit ca. 1 000 € Bargeld und Schecks.

### Anzeige und Festnahme
Die Kassiererin rief die Polizei zu Hilfe und erstattete Strafanzeige. Die Polizei nahm kurze Zeit später den 19-jährigen Dieter St. in einer Telefonzelle fest, er hatte aber keine Pistole und kein Geld bei sich.
Die Polizei übergab die Anzeige der Staatsanwaltschaft. Der Staatsanwalt erwirkte beim Richter die Ausstellung eines Hausdurchsuchungsbefehls. Bei der anschließenden Hausdurchsuchung fand die Polizei Dieters Pistole und einen Teil des Geldes. Beides wurde als Beweismittel sichergestellt.
Am nächsten Tag stellte sich der 17-jährige Ralf K. selbst der Polizei. Er hatte sich in einem Garten versteckt, wo die Polizei auch die andere Pistole und das restliche Geld fand.

### Grundgesetz
### Art. 104 (Voraussetzungen der Festnahme)
(1) Die Freiheit der Person kann nur auf Grund eines förmlichen Gesetzes und nur unter Beachtung der darin vorgeschriebenen Formen beschränkt werden. Festgehaltene Personen dürfen weder seelisch noch körperlich misshandelt werden.
(2) Über die Zulässigkeit und Fortdauer einer Freiheitsentziehung hat nur der Richter zu entscheiden. Bei jeder nicht auf richterlicher Anordnung beruhenden Freiheitsentziehung ist unverzüglich eine richterliche Entscheidung herbeizuführen. Die Polizei darf aus eigener Machtvollkommenheit niemanden länger als bis zum Ende des Tages nach dem Ergreifen in eigenem Gewahrsam halten. Das Nähere ist gesetzlich zu regeln.
(3) Jeder wegen des Verdachtes einer strafbaren Handlung vorläufig Festgenommene ist spätestens am Tage nach der Festnahme dem Richter vorzuführen, der ihm die Gründe der Festnahme mitzuteilen, ihn zu vernehmen und ihm Gelegenheit zu Einwendungen zu geben hat. Der Richter hat unverzüglich entweder einen mit Gründen versehenen schriftlichen Haftbefehl zu erlassen oder die Freilassung anzuordnen.
(4) Von jeder richterlichen Entscheidung über die Anordnung oder Fortdauer einer Freiheitsentziehung ist unverzüglich ein Angehöriger des Festgehaltenen oder eine Person seines Vertrauens zu benachrichtigen.

① Lies die Meldung gut durch. Wie beurteilst du die Tat der Jugendlichen?

② Informiere dich im Grundgesetz darüber, wer einen Hausdurchsuchungsbefehl ausstellen darf. Lies dazu Art. 13, Abs. 1 + 2 des GG.

③ Welche Beweismittel hat der Staatsanwalt um die beiden Jugendlichen vor Gericht anzuklagen und sie der Tat zu überführen?

④ Unter bestimmten Umständen kann jemand, der einer Tat verdächtig ist, sofort festgenommen werden. Lies dazu Artikel 104 des Grundgesetzes und kreuze bei den Auswahlantworten an, was richtig ist. Einmal musst du beide Antworten ankreuzen.

| | | |
|---|---|---|
| Einen Freiheitsentzug anordnen kann | ☐ ein Staatsanwalt | ☐ ein Richter |
| Die Polizei darf niemanden länger festhalten als | ☐ höchstens 48 Stunden | ☐ 3 Wochen |
| Festgenommene sind dem Richter vorzuführen | ☐ spätestens am Tag nach der Festnahme | ☐ spätestens nach 1 Woche |
| Der Richter hat dem vorläufig Festgenommenen | ☐ die Gründe der Festnahme mitzuteilen | ☐ bei der Vernehmung Gelegenheit zu Einwendungen zu geben |
| Wenn der Richter die Fortdauer des Freiheitsentzuges anordnet | ☐ müssen die Angehörigen sofort benachrichtigt werden | ☐ brauchen die Angehörigen nicht benachrichtigt zu werden. |

# Als Angeklagter vor Gericht

Dieter St. und Ralf K. werden wegen des Raubüberfalls vor dem Strafgericht angeklagt. Weil sie als Jugendliche gelten, findet die Verhandlung vor dem Jugendschöffengericht statt.

① Betrachte das Bild. Erzähle, welche Personen an der Verhandlung vor einem Schöffengericht beteiligt sind.

② Beim Strafprozess gibt es 2 Parteien. Welche sind das?

Die **Richter** gehören zu keiner Partei. Sie müssen nur nach dem Gesetz und nach ihrem Gewissen urteilen.

③ Lies die einzelnen Teile der Hauptverhandlung gut durch. Beantworte dann die nebenstehenden Fragen. Klebe dazu auch die Textkärtchen ein.

Zu Beginn der Hauptverhandlung vernimmt der Richter den Angeklagten zur Person; d.h., er fragt nach Namen, Geburtstag, Beruf und Wohnung. Dann verliest der Staatsanwalt die Anklageschrift. Dem Angeklagten wird Gelegenheit gegeben sich zur Sache zu äußern.

Muss ein **Angeklagter** vor Gericht aussagen   ja ☐   nein ☐

Wenn man als Angeklagter lügt,
A ☐ verbessert man seine Lage vor Gericht?
B ☐ wirkt die Lüge strafverschärfend?

In der sich anschließenden Beweisaufnahme muss das Gericht sich selbst ein Bild von der Berechtigung des Anklagevorwurfs machen. Dazu vernimmt es Zeugen und Sachverständige, schaut sich Gegenstände, Urkunden und andere Beweismittel an.

Muss ein Zeuge vor Gericht erscheinen?   ja ☐   nein ☐
Ein Zeuge muss normalerweise aussagen.
Darf er die Aussage verweigern, wenn die Aussage ihn oder einen Angehörigen in Gefahr bringen würde selbst wegen einer Straftat verfolgt zu werden?   ja ☐   nein ☐

Nach dem Schluss der Beweisaufnahme erhalten zunächst der Staatsanwalt und dann der Angeklagte und sein Verteidiger zu ihren Ausführungen und Anträgen das Wort. Danach wird der Angeklagte noch einmal gefragt, ob er selbst noch etwas zu seiner Verteidigung sagen möchte.

Anschließend zieht sich das Gericht zur Beratung zurück. Die Hauptverhandlung schließt mit der Verkündung des Urteils. Es wird „Im Namen des Volkes" verkündet und durch den Richter begründet.

Was versteht man unter „In dubio pro reo"?

_____
_____
_____

Was soll dieser Rechtsgrundsatz wohl bewirken?

Wird gegen ein Urteil weder von der Staatsanwaltschaft noch von dem Verurteilten Berufung oder Revision (siehe hierzu Erklärung auf S. 76) eingelegt, so wird das Urteil rechtskräftig.

④ „Solch hohe Strafen haben wir nicht erwartet", sagten Dieter und Ralf. Was meinst du zu dem Urteil?

Der 19-jährige Dieter St. wurde zu zwei Jahren, der 17-jährige Ralf K. zu eineinhalb Jahren Jugendstrafe verurteilt. Die Strafen wurden zur Bewährung ausgesetzt, allerdings mit „spürbaren Auflagen": Dieter St. muss 750 €, Ralf K. 2 000 € an die Lebenshilfe für geistig Behinderte zahlen. Darüber hinaus müssen beide je 100 Stunden Sozialdienst leisten.

# Die Strafgerichte

**Welches Strafgericht ist zuständig?**

Je nach Schwere der Straftat ist das Amtsgericht oder das Landgericht zuständig. In besonderen Ausnahmefällen (z.B. Verbrechen gegen die Staatssicherheit) finden die Verhandlungen vor dem Oberlandesgericht oder dem Bundesgerichtshof statt.

Berufsrichter:

Ehrenamtliche Richter:

Welches Stimmrecht haben ehrenamtliche Richter?

Revision/Berufung:

### leichte und mittlere Kriminalität

| Oberste Instanz | Oberlandesgericht | Strafsenat | | |
|---|---|---|---|---|
| Untere und Mittlere Instanz | Landgericht | Kleine Strafkammer | Große Strafkammer | Jugendkammer |
| | Amtsgericht | Strafrichter Einzelrichter / Schöffengericht | Jugendrichter Einzelrichter | Jugendschöffengericht |

Zeichenerklärung: Berufsrichter, Ehrenamtliche Richter
Rechtsmittel: Berufung →, Revision ·····

① Klebe zunächst die Textkärtchen ein. Lies sie gut durch.

② Beschreibe die Zusammensetzung einzelner Gerichte (evtl. Zusatzblatt)

z.B.: <u>Im Jugendschöffengericht urteilen ein Berufsrichter und zwei Schöffen. Hier werden schwere Straftaten von Jugendlichen verhandelt.</u>

③ Diskutiere mit deinen Mitschülern darüber, warum bei schweren Straftaten mehrere Richter urteilen. Schreibe einige Gründe dafür auf ein Zusatzblatt.

④ Bei den Strafgerichten gibt es Berufsrichter und ehrenamtliche Richter.

_____ haben Rechtswissenschaften studiert.

_____ sind normale Bürger.

⑤ Welches Stimmrecht haben die Schöffen oder Geschworenen? Kreuze an.

A ☐ Sie dürfen die Berufsrichter nur beraten.

B ☐ Sie haben beim Urteil das gleiche Stimmrecht wie die Berufsrichter.

### schwere und schwerste Kriminalität

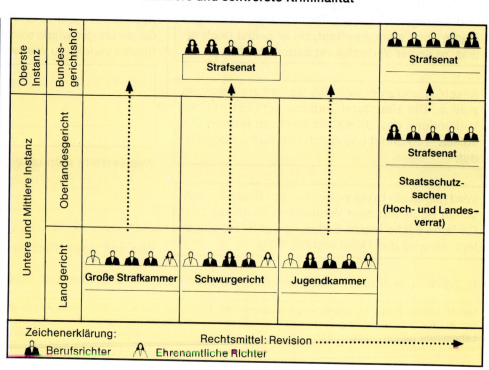

76

# Das Jugendstrafrecht

Heute nimmt man besonders Rücksicht darauf, dass Kinder und Jugendliche geistig noch nicht so reif sind, dass sie wie Erwachsene für ihre Taten bestraft werden können. Daher werden sie nicht nach dem allgemeinen Strafrecht, sondern nach dem milderen Jugendstrafrecht verurteilt. Die milde Bestrafung dient ihrer Erziehung und soll ihnen helfen den Weg in ein geordnetes Leben zu finden.

① Warum gibt es für Jugendliche ein milderes Strafrecht?

② Was soll die milde Bestrafung bewirken?

## Strafverfolgung nach dem Jugendgerichtsgesetz

| Alter: | Strafverantwortung | Rechtsfolgen |
| --- | --- | --- |
| bis 14 Jahre: Kinder | Nicht strafrechtlich verantwortlich. | Einschaltung des Jugendamtes und Vormundschaftsgerichtes möglich. |
| 14-18 Jahre: Jugendlicher | Strafrechtlich verantwortlich, wenn eine dem Alter entsprechende geistige Einsicht vorhanden ist. Auch Jugendliche können demnach strafrechtlich zur Verantwortung gezogen werden. | Nach Regelung des Jugendgerichtsgesetzes Erziehungsmaßregeln, Zuchtmittel, Jugendstrafe. |
| 18-21 Jahre: Heranwachsender | Voll strafrechtlich verantwortlich. Nur dann Anwendung des Jugendstrafrechtes, wenn sittliche und geistige Entwicklungskräfte wie bei einem Jugendlichen wirksam sind. | Bei bestimmten Voraussetzungen: Anwendung des Jugendstrafrechtes. |

**Die Strafmöglichkeiten des Jugendrichters nach dem Jugendgerichtsgesetz**

**1. Erziehungsmaßregeln:**
Rauch-, Trinkverbot, Verbot mit bestimmten Personen zu verkehren, Teilnahme am Verkehrsunterricht, Arbeit im Krankenhaus oder beim Roten Kreuz, Anordnung eines Erziehungsbeistandes oder einer Fürsorgeerziehung.

**2. Zuchtmittel:**
Verwarnung, Verpflichtung zur Schadenswiedergutmachung, zur persönlichen Entschuldigung beim Geschädigten, zur Zahlung einer Geldbuße an eine gemeinnützige Einrichtung, Freizeitarrest oder Kurzarrest (bis zu 6 Tagen) oder Dauerarrest (höchstens 4 Wochen).

**3. Jugendstrafe:**
Verurteilung zu Jugendstrafe von „unbestimmter Dauer" (6 Monate bis 4 Jahre), falls „schädliche Neigungen" vorliegen. Bei besonders schweren Verbrechen Strafe zwischen 6 Monaten und 10 Jahren.

③ Untersuche mithilfe der Angaben aus dem Jugendgerichtsgesetz folgende Fälle und beantworte die Fragen:

Fall 1: Ein 16-Jähriger und ein 13-Jähriger entwenden gemeinsam ein Auto. Der Besitzer hatte vergessen den Zündschlüssel abzuziehen. Nach einer kurzen Fahrt werden sie von der Polizei gefasst.

④ Werden beide Täter gleich behandelt? Begründe deine Meinung.

Fall 2: K. ist siebzehn. Er steht zum ersten Mal vor dem Jugendrichter, weil er unter Alkoholeinfluss eine Telefonzelle demoliert und mehrere Scheiben eingeschlagen hat. Die Mutter sagt als Zeugin: „Unser K. ist sonst der liebste Junge. Aber immer, wenn er mit W. in den X-Pub geht und Alkohol trinkt, macht er solche Sachen."

⑤ Überlege, welche Strafen der Jugendrichter aussprechen könnte.

# Strafen früher und heute

Wenn früher jemand beim Diebstahl erwischt wurde, hackte man ihm eine Hand ab. Mit der Strafe wollte man sich am Täter für das begangene Unrecht rächen. Heute aber soll die Strafe den Täter bessern und ihn zu einem normalen Leben erziehen. Nach unserem Strafrecht wird ein Dieb zu einer Geldstrafe oder Freiheitsstrafe verurteilt. Oft setzt der Richter auch die Strafe zur Bewährung aus. Das bedeutet, dass der Verurteilte seine Haftstrafe nicht anzutreten braucht, wenn er innerhalb einer bestimmten Zeit, der sogenannten Bewährungszeit, keine neue Straftat begeht.

Mittelalterliche Strafen: Abschlagen der Hand, Rädern, Blenden, Hängen, Enthaupten, Verbrennen, Ertränken, Stäupen (öffentl. Auspeitschung).

① Welchen Hauptzweck hatten Strafen früher, haben sie heute?

a) Früher: _____

b) Heute: _____

**Strafen heute:**
(Erwachsene; Jugendliche siehe S. 77)
- Geldstrafe
- Freiheitsstrafe
- Lebenslange Freiheitsstrafe

**Maßregeln zur Sicherung und Besserung**
- Einweisung in eine Heil- und Pflegeanstalt (Entziehungsanstalt für Trinker und Süchtige)
- Entziehung der Fahrerlaubnis
- Berufsverbot

② Beschreibe mithilfe des Bildes und des eingerahmten Kästchens die Strafen von „früher" und heute. Überlege, wann man früher welche Strafen aussprach bzw. heute ausspricht.

③ Welche Strafe hältst du für angemessen? Setze die Kennzahl der Strafe in das Kästchen ein.

1 Geldstrafe      2 Führerscheinentzug      3 Gefängnisstrafe

1. Eine Frau hat im Kaufhaus Lebensmittel gestohlen. ☐
2. Ein betrunkener Autofahrer fährt gegen einen Baum. ☐
3. Ein Bankräuber erschießt einen Polizisten. ☐
4. Ein Mann überfällt eine Sparkasse. ☐
5. Jemand stiehlt ein Auto. ☐

④ Diskutiere mit der Klasse, warum du die Strafen für angemessen hältst.

Vielen Menschen ist es zweifelhaft, ob die ausgesprochenen Strafen ihren Zweck auch wirklich erfüllen. Auf die Frage: „Halten sie es für sinnvoll Verbrechen durch harte Strafen zu bekämpfen?" erhielt ein Reporter die in den Kästchen stehenden Antworten. (Nach „Zeitlupe" 6)

⑤ Kreuze an, welche Antworten du gegeben hättest. Begründe.

| 1 | Ja, Strafe muss sein, damit der Täter und auch die anderen abgeschreckt werden. Man muss die Gesellschaft vor den Verbrechern schützen. |
| 2 | Ich weiß nicht, wenn so ein Junge mal was stiehlt oder kaputt macht - man fragt ja oft nicht warum - , aber den Schaden wieder gutmachen, ja. |
| 3 | Ja, aber natürlich! Der hat ja Böses getan, und wenn mir einer Böses tut, dann muss ich mich doch dafür rächen. |
| 4 | Strafe ist meist schlecht. Ich bin eher für Erziehung und Aufklärung, denn oft ist die Gesellschaft oder das Elternhaus mitschuldig. |
| 5 | Ja, die Strafe schon, aber man sollte auch mit ihm reden, damit er ein Gewissen bekommt. Ein bisschen ist schon jeder verantwortlich dafür, dass das Zusammenleben funktioniert. |

# Strafe verbüßt – aber was dann?

### Willi hat seine Strafe verbüßt
Willi ist vor einiger Zeit nach Verbüßung einer Freiheitsstrafe aus der Haft entlassen worden. In der Stadt trifft er Frank, einen alten Bekannten.

Frank: „Na Willi, wie geht es dir?"

Frank: „Vielleicht kann ich dir helfen. Du bist doch Kfz-Mechaniker. Ich kenne einen, der hat eine Kfz-Werkstatt. Der würde dich wohl nehmen. Ein Zimmer kannst du bei meiner Tante bekommen."

Willi: „Wie soll es einem entlassenen Häftling schon gehen? Schulden, nichts als Schulden: Anwaltskosten, Gerichtskosten, Wiedergutmachungskosten. Keine Arbeit, keine Wohnung, zu Hause rausgeschmissen. Und Freunde? Wer weiß?"

① Unterstreiche in dem Gespräch die Textstellen, die von den Schwierigkeiten berichten in der Gesellschaft wieder Fuß zu fassen. Welche Schwierigkeiten kennst du noch?

### Ein neuer Anfang
Willi wohnt bei Franks Tante, auch die Arbeitsstelle als Kfz-Mechaniker hat er bekommen. Alles geht ganz gut, bis eines Tages etwas passiert.

② Betrachte das Bild. Was ist geschehen?

③ Wie, glaubst du, wird die Geschichte weitergehen? Schreibe deine Vermutungen auf.

### Die Versuchung
Der Werkstattbesitzer hat Willi nahe gelegt, die Arbeit in der Werkstatt aufzugeben. Die Kollegen wollen nicht mit einem zusammenarbeiten, der schon mal im Gefängnis war.
Willi ist traurig und enttäuscht. Er geht in die Kneipe um ein Bier zu trinken. Da setzt sich sein ehemaliger Mithäftling Walter an seinen Tisch.

„Mensch, Willi, geht's dir auch so dreckig wie mir? Wenn die Leute wissen, dass du im Knast warst, hast du kaum noch 'ne Chance. Aber bald hab' ich's geschafft. Ich hab' da einen tollen Tipp. Hängt viel Geld drin. Kannst mitmachen!"
„Nee, nee", sagt Willi, „die krumme Tour ist nichts mehr für mich!"

④ Wie werden wohl die weiteren Lebenswege von Willi und Frank aussehen?

⑤ Wenn Menschen im Gefängnis waren, ist ihr Weg zurück in die Gesellschaft (man nennt das Resozialisierung) recht schwierig.
Überlegt, wie man ihnen helfen kann nicht wieder straffällig zu werden.

⑥ An vielen Orten haben sich Menschen die Aufgabe gestellt Haftentlassenen bei der Wiedereingliederung (z.B. Wohnungs- und Arbeitssuche) zu helfen. Kennst du solche Organisationen, gibt es solche in deinem Heimatort oder in der näheren Umgebung?

# Müllers suchen Rat bei einem Rechtsanwalt

## Peter kauft ein Fahrrad

Peter ist 13. Eines Tages kommt er stolz mit einem neuen Fahrrad nach Hause und erzählt: Ich fand das Rad so toll, dass ich dafür das ganze Geld aus meiner Spardose bezahlt habe.

Der Vater ist böse: „Das hast du ohne unsere Einwilligung getan. Du bringst das Rad zum Händler und lässt dir das Geld wiedergeben. Wir haben übrigens ein neues Rad für dich gekauft. Du solltest es nächste Woche zum Geburtstag bekommen." Was soll nun werden?

① Verfolge die Bildgeschichte. Sie zeigt dir, was passiert. Schreibe einige Sätze dazu.

### Peter geht mit seinem Vater zum Fahrradhändler

### Beim Rechtsanwalt

### Vor dem Amtsgericht

Die Kosten des Verfahrens setzen sich zusammen aus Gerichtskosten, Kosten für den Rechtsanwalt des Fahrradhändlers Schnell und Kosten für den Rechtsanwalt der Familie Müller.

② Welche Kosten muss der Fahrradhändler übernehmen?

Welche Kosten haben Müllers zu tragen?

③ Hätten Müllers sich auch rechtlich beraten lassen können, wenn sie kein Geld für einen Rechtsanwalt hätten? Ja, wer unter einer bestimmten Summe verdient, kann beim Amtsgericht oder bei einem Rechtsanwalt kostenlose Beratungshilfe finden.

# Der Zerfall der UdSSR

## Gorbatschow wollte die UdSSR verändern
1985 wurde der sowjetische Politiker Michail Gorbatschow Generalsekretär der Kommunistischen Partei der Sowjetunion. Er wollte das Leben der Sowjetbürger verbessern.
Durch die Perestroika (Umgestaltung) sollte sich die sowjetische Wirtschaft und Gesellschaft frei und ohne Zwang entfalten können.
Mit Glasnost (Offenheit) sollte die Presse- und Meinungsfreiheit wieder eingeführt werden.

## Gorbatschow scheiterte mit seiner Politik
Nicht alle Bürger waren mit der Politik von Gorbatschow einverstanden.
Einzelne Republiken, die nach der Oktoberrevolution zwangsweise Mitglied der UdSSR wurden, strebten nach Selbstständigkeit. Konflikte zwischen einzelnen Nationalitäten brachen auf.
Spitzenfunktionäre der KPdSU und hohe Offiziere putschten im August 1991 gegen Gorbatschow. Der Putsch schlug fehl, schwächte aber den Einfluss von Gorbatschow.
Die Versorgungslage verschlechterte sich ständig.

## Boris Jelzin wurde Präsident von Russland
Nach dem gescheiterten Putsch übernahm Jelzin die innenpolitische Führung. Gorbatschow trat als Generalsekretär der KPdSU zurück. Die Kommunistische Partei der Sowjetunion wurde verboten.
Am 6. September erkannte die UdSSR die Unabhängigkeit der drei Baltenrepubliken an.
Am 21. Dezember 1991 gründeten die Führer von elf früheren Sowjetrepubliken einen losen Verbund, die „Gemeinschaft Unabhängiger Staaten" (GUS). 1994 trat Georgien der GUS bei. Gorbatschow wurde als Präsident abgesetzt. Die UdSSR hatte aufgehört zu bestehen.

### Die zwölf neuen Staaten im Überblick
Zwölf frühere Sowjetrepubliken haben die „Gemeinschaft Unabhängiger Staaten" gegründet. Es sind in alphabetischer Reihenfolge:

- **Armenien:** 29 800 qkm, 3,3 Mio. Einwohner. Zahlreiche Bodenschätze.
- **Aserbaidschan:** 86 600 qkm, 7 Mio. Einwohner. Erdölvorkommen, schwache Industrie.
- **Georgien:** 69 700 qkm, 5,5 Mio. Einwohner. Gehört seit 1994 zur GUS.
- **Kasachstan:** 2 717 300 qkm, 16,3 Mio. Einwohner. Zahlreiche Bodenschätze, leistungsfähige Landwirtschaft.
- **Kirgisistan:** 198 500 qkm, 4,3 Mio. Einwohner. Baumwolle, Viehhaltung. Erdöl- und Erdgasförderung, Textilindustrie.
- **Moldawien:** 33 700 qkm, 4,3 Mio. Einwohner. Rohstoffarm, produktiver Obst-, Gemüse-, Wein- und Tabakanbau.
- **Russland:** 17 075 400 qkm, 147,4 Mio. Einwohner. Doppelt so groß wie alle anderen Republiken zusammen. Rohstoffvorkommen, entwickelte Industrie.
- **Tadschikistan:** 143 100 qkm, 5,1 Mio. Einwohner. Strukturschwach, Nahrungs- und Textilindustrie.
- **Turkmenistan:** 488 100 qkm, 3,5 Mio. Einwohner. Erdgas- und Erdölvorkommen. Textil- und Nahrungsmittelindustrie.
- **Ukraine:** 603 700 qkm, 51,7 Mio. Einwohner. Kornkammer der Sowjetunion, zahlreiche Bodenschätze, Kohle, Erdöl, Erdgas, entwickelte Industrie.
- **Usbekistan:** 447 400 qkm, 19,9 Mio. Einwohner. Größter Lieferant von Baumwolle, bedeutende Erdgas- und kleinere Erdölvorkommen. Chemie- und Schwerindustrie.
- **Weißrussland:** 207 600 qkm, 10,2 Mio. Einwohner. Entwickelte Landwirtschaft, rohstoffarm.

(dpa)

① Was sollte durch Perestroika und Glasnost erreicht werden?

② Nenne den Hauptgrund für das Scheitern der Politik von Gorbatschow.

③ Wie heißen die drei Baltenrepubliken?

④ Ordne die 12 neuen Staaten nach ihrer Einwohnerzahl.

⑤ Vergleiche Russland mit der Bundesrepublik Deutschland (360 000 qkm, 80 Mio. Einw.).

⑥ Sammle Zeitungsartikel über die neueste Entwicklung in der ehemaligen Sowjetunion und füge sie der Arbeitsmappe bei.

# Veränderungen in Osteuropa und auf dem Balkan

**Ergebnisse der Außenpolitik unter Gorbatschow**

Gorbatschow wollte den Völkern, die unter der Zwangsherrschaft der Sowjetunion litten, mehr Freiheit und Demokratie geben.

Die Volksaufstände in der DDR, in Ungarn (s.S. 43) und in der Tschechoslowakei waren noch von sowjetischen Truppen niedergeschlagen worden.

Seit 1985 bestand diese Gefahr dank Gorbatschow nicht mehr. So konnten sich die Deutschen wieder vereinigen. Polen, Ungarn, die Tschechoslowakei, Rumänien und Bulgarien lösten sich aus dem Machtbereich der Sowjetunion und bildeten demokratische Regierungen.

**Der Vielvölkerstaat Jugoslawien zerfällt**

Die Staaten Osteuropas, die unter sowjetische Herrschaft geraten waren, behielten ihre nationale Selbstständigkeit.

Die Entwicklung in Jugoslawien verlief anders. Hier hatte Tito nach dem Ende des zweiten Weltkrieges den Versuch unternommen mehrere zusammengewürfelte Völkerschaften in einen Staat zu pressen. Tito wollte mit seinen Kommunisten durch Zwang alle stammesmäßigen, religiösen, geschichtlichen und sozialen Spannungen beseitigen. Das gelang bis zum Jahre 1991. Jetzt brachen die Spannungen zwischen den einzelnen Völkern durch, zumal einzelne nationale Minderheiten sich im Gebiet anderer Nationalitäten unterdrückt fühlten.

Es kam zum blutigen Bürgerkrieg. Slowenien, Kroatien, Mazedonien und später Bosnien - Herzegowina lösten sich von Jugoslawien und erklärten ihre Selbstständigkeit.

Übrig blieb die Bundesrepublik Jugoslawien. Zu ihr gehörten Serbien (einschließlich Wojwodina und Kosovo) und Montenegro.

Die hauptsächlich von Albanern bewohnte Provinz Kosovo strebte nach Unabhängigkeit. Dabei kam es zu Kämpfen gegen die serbischen Sicherheitskräfte. Auch die NATO griff in die Auseinandersetzungen gegen Jugoslawien ein.

Seit Juni 1999 steht Kosovo unter UN-Verwaltung.

① Welche Ostblockstaaten errangen ihre Selbstständigkeit?

② Welche Unterschiede gibt es in der Entwicklung der Staaten Osteuropas und der von Jugoslawien?

③ Welche Spannungen im Vielvölkerstaat führten zum Bürgerkrieg auf dem Balkan?

④ Welche nationalen Minderheiten leben in

Serbien ④:

Kroatien ②:

Mazedonien ⑥:

⑤ Sammle Zeitungsartikel über die neueste Entwicklung auf dem Balkan und füge sie der Arbeitsmappe bei.

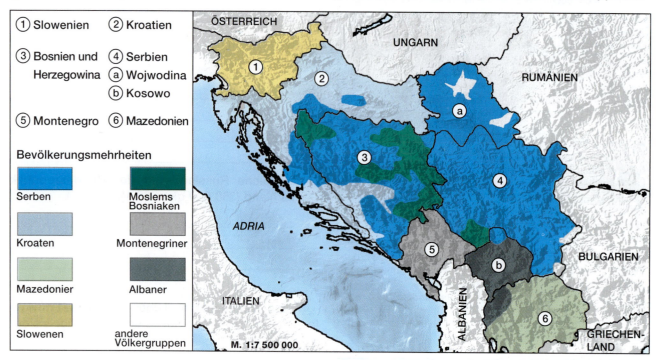

# Der Weg zur deutschen Einheit

**Massenflucht aus der DDR**

**40 Jahre DDR**

**Rücktritt der SED-Führung - Öffnung der Mauer**

**Erste freie Wahl in der DDR**

**Staatsvertrag der BR Deutschland und der DDR**

**„2+4" Verhandlungen**

**Deutschland vereint**

Im Herbst 1989 begann auch in der DDR die politische Wende. Die anhaltenden Demonstrationen der DDR-Bürger zwangen die SED-Regierung zum Rücktritt. Innerhalb eines Jahres wurde Deutschland wieder ein einziger Staat.

① Textkärtchen auf Ausschneideblatt 8 beschreiben wichtige Stationen auf dem Weg zur deutschen Einheit. Klebe sie entsprechend ein.

DDR-Flüchtlinge überschreiten die ungarisch-österreichische Grenze.

② Auf Ausschneideblatt 8 findet ihr den Staatsvertrag zwischen der BRD Deutschland und der DDR. Sprecht über die einzelnen Bestimmungen. Erklärt sie mit euren Worten.

③ Auf Ausschneideblatt 8 findet ihr auch die Übereinkünfte, die Bundeskanzler Helmut Kohl mit dem sowjetischen Präsidenten Gorbatschow erzielt hat. Sprecht darüber.

④ Schreibt auf ein Zusatzblatt den Artikel 23 des Grundgesetzes.

⑤ Schreibt die Namen der Länder, die nach Artikel 23 GG der BR Deutschland beigetreten sind.

Berlin: 9. November 1989 - die Mauer fällt.

# Das vereinte Deutschland

Am 2. Dezember 1990 wählten die Bürger aller 16 Bundesländer den Deutschen Bundestag (s. S. 66-68). Damals sagte ein Bürger der ehemaligen DDR: „Wir haben Freiheit gewonnen und Angst verloren."

① Diskutiert über die Bedeutung dieses Satzes.

Jetzt fügt er hinzu:
„Wir haben neue Angst bekommen."
Nach der Freude über die Wiedervereinigung müssen die Bürger der ehemaligen DDR nun feststellen, dass viele Sorgen auf sie zukommen:
- um den Arbeitsplatz,
- um steigende Mietpreise,
- um steigende Preise für Lebensmittel,
- um einen Ausbildungsplatz,
- um die Versorgung bei Erkrankungen.

② Schreibe dazu einige Sätze, z.B.:

<u>Die Menschen haben Angst ihren Arbeitsplatz zu verlieren. Sie befürchten,</u>

_____

_____

_____

_____

_____

_____

_____

Das größte Problem ist die Arbeitslosigkeit. In den vergangenen Jahren ging es im Osten nicht bergauf, sondern bergab mit den Arbeitsplätzen. Tausende pendeln in den Westen oder ziehen ganz um. 2004 fehlten in den neuen Bundesländern 2,24 Mio Arbeitsplätze. Auch Ausbildungsplätze sind Mangelware.

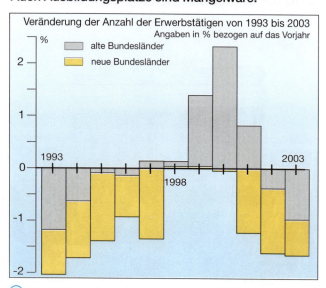

③ Diskutiert über die Folgen der Arbeitslosigkeit.

## Ursachen der Arbeitslosigkeit

Die meisten Betriebe in der ehemaligen DDR waren alt und herunter gewirtschaftet. Sie brachten keinen Gewinn mehr. Viele Betriebe belasteten die Umwelt so sehr und schädigten die Gesundheit der Menschen, dass sie still gelegt werden mussten. Manche Werke mussten auch schließen, weil sie keinen Abnehmer für ihre Produkte fanden.

Die rund 8000 ehemaligen volkseigenen Betriebe wurden der „TREUHANDANSTALT" unterstellt. Aufgabe dieser Behörde war es z.B. zu überprüfen und zu entscheiden:

- bei welchen Betrieben es sich noch lohnt sie zu erhalten,
- welche Betriebe endgültig schließen müssen,
- wie die großen landwirtschaftlichen Betriebe aufzuteilen sind,
- für welchen Preis Betriebe verkauft werden sollen.

Die „TREUHAND" wurde nach einigen Jahren wieder aufgelöst. Ihre Arbeit fand nicht immer die Zustimmung der Bürger der neuen Bundesländer.

**Kritische Stimmen aus der ehemaligen DDR:**
- Die Teuhand hat den Ausverkauf unserer sozialistischen Wirtschaft betrieben.
- Vorher gab es bei uns keine Arbeitslosen,
- die Frauen konnten zuverdienen, weil die Kinder rundum versorgt wurden,
- das Gesundheitswesen sorgte einheitlich für alle Arbeitnehmer.

④ Schreibt einige Argumente nieder, die ihr den Kritikern antworten wollt.

_____

_____

_____

_____

_____

_____

## Ausblick

Bis es den Menschen in den neuen Bundesländern so gut geht wie denen in den alten, sind noch große Anstrengungen nötig. Dazu wird auch viel Geld benötigt. Eine Erhöhung der Steuern, des sogenannten Solidaritätszuschlages, soll mit dazu beitragen.

Die westlichen Bundesländer müssen den östlichen helfen beim Aufbau

- der Wirtschaft (Straßenbau, Wohnungsbau, Gesundheitswesen, Umweltschutz, usw.),
- der Verwaltung (ihnen fehlen Beamte, die sich auskennen beim Wohnungsamt, Sozialamt, usw.),
- der Rechtsprechung (sie haben zu wenige Richter, die ihnen zu ihrem Recht verhelfen können).

⑤ Lies dazu Art. 103 des GG.

**Ausschneideblatt 1**

## zu Seite 2

Kinderarbeit ist grundsätzlich verboten.
Jugendliche dürfen nicht mehr als täglich acht und wöchentlich nicht mehr als vierzig Stunden arbeiten.
Jugendliche bekommen mehr Urlaub.
Akkordarbeit ist für Jugendliche nicht zulässig.

---

Bauern und Arbeiter:
Wir arbeiten für euch. Wir ernähren euch.

---

Bürgertum:
Wir essen für euch.

---

Der Zar:
Wir regieren euch.

---

Der Adel:
Wir herrschen über euch.

---

Geistlichkeit:
Wir beschwindeln euch.

---

Militär:
Wir schießen auf euch.

## zu Seite 3

Sommer 1905: Die Matrosen des Panzerkreuzers Potemkin (Poljomkin) bekommen ihr Mittagessen: faules Fleisch, die Maden kriechen darin herum. Ungenießbar! Aber der Hunger rumort in ihren Bäuchen. Als sie sehen, dass der Kapitän und die obersten Offiziere gutes Essen bekommen, geraten sie über diese Ungerechtigkeit so in Wut, dass sie meutern. Sie reißen die Führung an sich, sie fahren nach Odessa um streikende Fabrikarbeiter zu unterstützen. Ein Matrose ist bei der Schießerei ums Leben gekommen. In Odessa bahren sie ihn auf. Als alle Matrosen versammelt sind um ihm die letzte Ehre zu erweisen, schießen die Soldaten des Zaren in die Menge. Sie richten ein Blutbad an. Der Aufstand greift auf ganz Odessa über. Die Zahl der Toten ist noch größer als am „Blutigen Sonntag" in Petersburg.

---

Wahl eines Parlaments, Lohnerhöhungen, bessere Arbeitsbedingungen, Freilassung der politischen Gefangenen, persönliche Freiheit, Abschaffung der Überstunden, Einführung des Achtstundentages.

## zu Seite 5

Sie bot sofort allen Regierungen den Waffenstillstand an. Die Großgrundbesitzer wurden enteignet und das Land den Bauernabgeordneten zur Verteilung übergeben. Die Arbeiter erhielten die Kontrolle über die Fabriken. Die Banken wurden verstaatlicht. Auch die Polizei wurde durch eine andere, aus Arbeitern bestehende ersetzt.

## zu Seite 6

In der „Weißen" Armee hatten sich die Feinde der bolschewistischen Herrschaft zusammengefunden. Sie wurden zwar von ausländischen Truppen unterstützt, waren aber so uneinig, dass sie unterlagen. Obwohl die Bauern unter dem Terror der Bolschewisten zu leiden hatten, fürchteten sie die Rückkehr der Gutsbesitzer noch mehr. Da unterstützten sie noch lieber die „Roten". Denen kam auch die Uneinigkeit der „Weißen" zugute. Trotzki, der Führer der Roten Armee, übernahm Offiziere des Zaren in seine Armee. Sie halfen ihm den Bürgerkrieg zu gewinnen. 1920 war die Armee der „Weißen" auf russischem Boden vernichtet.

## zu Seite 8

Der Ausbau der Verkehrs- und Transportwege war eine wichtige Voraussetzung für die Industrialisierung des Landes. Besonders wichtig war der Ausbau der Transsibirischen Eisenbahn.

---

Viele Menschen gingen freiwillig nach Sibirien. Sie wollten beim Aufbau ihres Landes helfen. Viele Millionen aber wurden von Stalin in die Verbannung dorthin geschickt. Sie lebten in Arbeitslagern. Sie mussten so schwer arbeiten und bekamen so wenig zu essen, dass viele krank wurden und starben.

---

Kohle, Erdöl und Erdgas sind wichtige Energiequellen. In Sibirien wird aber vor allem die Wasserkraft der großen Flüsse in Energie umgewandelt.

---

Russland hat viele Bodenschätze. Besonders Sibirien ist reich an Rohstoffen. Deshalb entstanden vor allem dort neue Industriegebiete.

## zu Seite 7

Lenin wollte zunächst die Bauern zufrieden stellen. Sie durften jetzt die Hälfte ihrer Erzeugnisse frei verkaufen. Er hoffte sie damit anzuregen mehr zu produzieren. Kleine Industriebetriebe durften wieder selbstständig arbeiten. Um die Industrie Russlands anzukurbeln schloss man Verträge mit ausländischen Firmen.

# Ausschneideblatt 2

## zu Seite 10

| | | |
|---|---|---|
| Vertrat das mittlere Bürgertum. Wollte alle nichtsozialistischen, aber demokratischen Kräfte zusammenfassen. 75 Abgeordnete im 1. Reichstag. Partei der „Weimarer Koalition". | Zum Teil aus dem alten linken Flügel der Sozialdemokratie hervorgegangen. Radikale Linkspartei, sozialistisch, forderte alle Gewalt für die Arbeiter- und Soldatenräte, republikfeindlich. | Vorwiegend katholisch. Bürgerliche und Arbeitnehmer, Verständnis für soziale Fragen. Partei der „Weimarer Koalition", in fast jeder Regierung bis 1933 vertreten. |
| Weitgehend Interessenvertretung der Großindustrie und des Großhandels. Hielt am Anfang an der Monarchie fest, bejahte später mehr und mehr die Republik. 4,5% der Stimmen im ersten Reichstag. | Vereinigung rechts stehender, konservativer Gruppen. Bekämpfte die Republik und forderte die Wiedereinführung der Monarchie. Vertrat die Interessen der Großindustrie und des Großgrundbesitzes. | Demokratisch und sozialistisch. „Arbeiterpartei", stärkste Partei der Nationalversammlung. Bereit Regierungsverantwortung zu übernehmen, entschlossen zur Zusammenarbeit mit den bürgerlichen Parteien. |

## zu Seite 12

| | | |
|---|---|---|
| Ein großer Teil der USP vereinigte sich mit der Kommunistischen Partei Deutschlands. Die KPD hatte nun 400 000 Mitglieder. Sie forderte einen Umsturz nach russischem Vorbild und die „Diktatur des Proletariats". | Viele ehemalige Offiziere, höhere Beamte, Gutsbesitzer und Unternehmer trauerten dem Kaiser nach. Sie bangten um ihren Besitz und politischen Einfluss. Sie wollten die Abschaffung der Republik und die Wiederherstellung der Monarchie. | Die Schuld am verlorenen Krieg und am Versailler Friedensvertrag sollte der Regierung in die Schuhe geschoben werden. Weil die Regierung den Friedensvertrag unterschrieben hatte, sollte sie beseitigt werden. |
| Gründung einer „Roten Armee", Streiks und Straßenkämpfe in Berlin. Bewaffnete Aufstände im Ruhrgebiet, in Sachsen, Thüringen und Hamburg. Eisenbahnerstreik, Mitgliederwerbung in der unzufriedenen Arbeiterschaft. | Ermordung kommunistischer Politiker (Liebknecht, Luxemburg) und republikanischer Politiker (Erzberger, Rathenau). Umsturzversuch durch Hitler in München. Hetzkampagnen gegen die demokratische Regierung. | Die öffentliche Meinung wurde weitgehend durch die Presse bestimmt. Diese lag zum größten Teil in der Hand eines deutschnationalen Zeitungskonzerns. In den folgenden Jahren half sie den Nationalsozialisten. |

## zu Seite 17

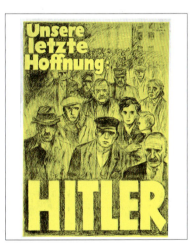

## zu Seite 18

| | |
|---|---|
| Diese außerordentlichen Vollmachten waren zeitlich begrenzt. Sie waren als Schutz der demokratischen Lebensmöglichkeiten und der Staatsformen gedacht. | Die Durchführung einer Notverordnung führte zur Abhängigkeit der Regierung vom Präsidenten. Die Kontrolle durch das Parlament wurde ausgeschaltet. |

Der Präsident konnte in Notfällen und Notzeiten die Rechte der Bürger und ihrer gewählten Vertreter einschränken und diese Rechte der Regierung übertragen.

# Ausschneideblatt 3

## zu Seite 24

| | | |
|---|---|---|
| Groß war der Propagandarummel bei der Rückkehr des Saargebietes, der Rückkehr des Sudetenlandes, dem Einmarsch ins „Protektorat", der Rückkehr des Memellandes und Danzigs. | Für die Freizeitgestaltung wurde die Organisation „Kraft durch Freude" (KdF) gegründet. Preiswerte Urlaubsfahrten, Seereisen usw. sollten den Deutschen das Gefühl vermitteln, dass sie zur „Volksgemeinschaft" gehören. | Geschickt nutzte die Propaganda die Olympiade 1936 in Berlin und die jährlichen Reichsparteitage in Nürnberg aus um der Weltöffentlichkeit die Stärke und Geschlossenheit des deutschen Volkes zu demonstrieren. |
| Die Einführung der Allgemeinen Wehrpflicht und die Wiederaufrüstung nahmen einen großen Teil der Arbeitslosen auf. Die Verdienste stiegen. Viele konnten für einen Volkswagen sparen. | Mit der Aufkündigung des Versailler Vertrages hatte Hitler große Propagandaerfolge. Viele Deutsche sahen in den Bestimmungen des „Versailler Diktates" die Ursache für ihr schlechtes Leben. | Durch die Einführung des Reichsarbeitsdienstes, der allgemeinen Wehrpflicht, den Aufbau der Rüstungsindustrie, den Bau von Autobahnen und staatliche Bauaufträge wurde die Arbeitslosigkeit beseitigt. |

---

## zu Seite 28

| | |
|---|---|
| Japan erstrebte die Vorherrschaft in Ostasien und im Pazifischen Ozean. Im Dezember 1941 überfielen die Japaner überraschend die amerikanische Kriegsflotte in Pearl Harbor (Hawai). Die USA erklärten Japan den Krieg. Deutschland und Italien, mit Japan verbündet, erklärten den USA den Krieg. Im Juli 1943 landeten Engländer und Amerikaner in Italien, das bald kapitulierte. | Im April 1940 wurde der Krieg weiter ausgedehnt. Deutsche Truppen besetzten kampflos Dänemark, eroberten Norwegen und begannen im Mai/Juni 1940 den Angriff gegen Frankreich. Holland und Belgien wurden besetzt. Am 22. Juni 1940 war Frankreich besiegt. Im April 1941 wurden Jugoslawien und Griechenland besetzt. Am 24. 3. 1941 begann der Kampf in Nordafrika. Hier kämpfte die deutsche Wehrmacht gegen englische Truppen. |
| 1940 hatten die Deutschen begonnen englische Städte zu bombardieren. Im Gegenzug führten ab 1942 die Alliierten Bombenangriffe gegen Deutschland durch. 1944 flogen allein die Amerikaner über 1 000 000 Einsätze und warfen 939 000 t Bomben. Die Luftangriffe forderten ungefähr 500 000 Tote. Im August 1945 warfen amerikanische Bomber über den japanischen Städten Hiroshima und Nagasaki eine Atombombe ab. | Unter Bruch des Nichtangriffspaktes wurde am 21. Juni 1941 die Sowjetunion überfallen. Die Deutschen stießen bis vor Leningrad und Moskau vor. Der harte Winter und der Schlamm im Frühjahr halfen der Roten Armee gegen die Deutschen. Der deutsche Angriff wurde gestoppt. Es begann der Gegenangriff der Russen. |
| Der erste Wendepunkt des Krieges war die vernichtende Niederlage der 6. deutschen Armee (300 000 Soldaten) im Kampf um Stalingrad. Im Februar 1943 kamen 90 000 am Leben gebliebene deutsche Soldaten in russische Gefangenschaft. Jetzt begann der erfolgreiche Vormarsch der Roten Armee an der Ostfront.<br>Der zweite Wendepunkt erfolgte am 6. Juni 1944 durch die erfolgreiche Landung amerikanischer und englischer Truppen in Nordfrankreich. Die deutschen Truppen wurden nun auch an der Westfront zurückgedrängt. | Der 2. Weltkrieg begann am 1. 9. 1939 mit dem deutschen Angriff gegen Polen. Nach 18 Tagen war Polen besiegt. Am 3. 9. 1939 erklärten England und Frankreich Deutschland den Krieg. Am 17. 9. 1939 marschierten die Sowjets in Ostpolen ein und besetzten es. |

---

## zu Seite 30

| | | | |
|---|---|---|---|
| Er lebte von 1884-1945 und war Oberbürgermeister von Leipzig. Sein Ansehen stellte er in den Dienst der Widerstandsbewegung. Nach dem misslungenen Attentat vom 20. Juli 1944 wurde er nach qualvoller Haftzeit am 2. 2. 1945 hingerichtet. | Dieser Landwirt und Rechtsanwalt lebte von 1907 bis zu seiner Hinrichtung im Januar 1945. Sein Gut in Kreisau (Schlesien) war der Mittelpunkt einer deutschen Widerstandsgruppe. Sie plante nach dem zu erwartenden Zusammenbruch eine Neuordnung Deutschlands. | Er lebte von 1880-1944 und gehörte zum führenden Kreis der deutschen Widerstandsbewegung. Er galt als maßgebliches Haupt der Verschwörung vom 20. Juli 1944. Nach dem Fehlschlag des Attentats auf Hitler nahm er sich das Leben. | Dieses Geschwisterpaar gehörte der Münchener Widerstandsgruppe „Weiße Rose" an, die sich aus Studenten, Gelehrten und Künstlern zusammensetzte. Sie verteilten Flugblätter, in denen sie zum Sturz der Hitlerdiktatur aufforderten. Im Februar 1943 wurden sie hingerichtet. |

# Ausschneideblatt 4

## zu Seite 33

Nach Beendigung des 2. Weltkrieges schickten Verwandte und private Hilfsorganisationen (besonders aus Amerika) Pakete mit Lebensmitteln und Bekleidung nach Deutschland (Care-Pakete; care heißt sich sorgen, sich kümmern um).

Besonders den an Unterernährung leidenden Kindern wurde geholfen. Alle Schüler und Schülerinnen erhielten in der großen Schulpause eine warme Mahlzeit.

So nannte man Fahrten, die die Menschen unternahmen um bei den Bauern auf dem Lande etwas zu essen zu holen. Sie tauschten Schmuck, Wäsche, Teppiche und andere Dinge gegen Kartoffeln, Speck und Butter ein um ihre Familien am Leben zu erhalten.

Nach dem 2. Weltkrieg gab es zu wenig Lebensmittel in Deutschland. Darum mussten sie eingeteilt werden. Jeder Deutsche erhielt Berechtigungsscheine, mit denen er nur eine bestimmte, geringe Menge Lebensmittel kaufen konnte.

Neben dem Handel in den normalen Geschäften entwickelte sich an Bahnhöfen, an bestimmten Straßenecken ein zweiter Markt. Hier konnte man kaufen oder verkaufen, aber alles zu hohen Preisen (1 Pfd. Butter z.B. kostete 300 Reichsmark). Dieser Markt aber war verboten, trotzdem funktionierte er ganz gut.

## zu Seite 35

Die NSDAP wurde verboten. Alle Parteimitglieder wurden überprüft. Sie mussten erklären, wie sie sich in der Hitlerzeit verhalten hatten. Die führenden Nationalsozialisten wurden in Nürnberg vor Gericht gestellt. 12 Generäle und Minister wurden zum Tode verurteilt.

Viele Werke der übrig gebliebenen deutschen Industrie wurden damals abgebaut (demontiert) und in die Siegerländer gebracht. Neben Rüstungsfabriken wurden auch rücksichtslos Fabriken für friedliche Zwecke abgebaut. Viele Arbeiter verloren ihre Arbeitsplätze.

Nach dem Potsdamer Abkommen durfte Deutschland keine Soldaten mehr haben. Alle Waffen und sämtliches Kriegsmaterial musste abgeliefert werden. Rüstungsfabriken und alle anderen Einrichtungen, die dem Krieg gedient hatten, wurden zerstört.

## zu Seite 38

Im Sommer 1945 begann in Westdeutschland mit der Gründung demokratischer Parteien wieder das politische Leben. Danach fanden Wahlen zur Selbstverwaltung der Gemeinden statt. Es waren in Deutschland die ersten freien Wahlen seit 1932.

Der zweite Schritt auf dem Wege zu einem neuen Staat war der Zusammenschluss der Gemeinden und Kreise zu Ländern. Diese neu gebildeten Länder Westdeutschlands gaben sich 1946/47 Verfassungen und wählten ihre Landesparlamente und Länderregierungen.

Das Grundgesetz wurde am 23. Mai 1949 feierlich verkündet. Damit war an diesem Tag die „Bundesrepublik Deutschland" geboren. Am 14. August 1949 fanden die ersten Wahlen zum Deutschen Bundestag statt. Erster Bundeskanzler wurde der CDU-Abgeordnete Dr. Konrad Adenauer. Erster Bundespräsident wurde Prof. Dr. Theodor Heuss.

Die Länderparlamente wählten 65 Männer und Frauen in den „Parlamentarischen Rat". Er trat erstmals am 1. September 1948 in Bonn zusammen um für den neuen westdeutschen Staat eine Verfassung auszuarbeiten. Diese Verfassung erhielt den Namen „Grundgesetz".

**Ausschneideblatt 5**

## zu Seite 51

1972 unterzeichneten Präsident Nixon und der sowjetische 1. Parteisekretär Breschnew ein „Abkommen über die Begrenzung der strategischen Waffen" (SALT genannt). Darin vereinbaren die USA und die UdSSR nur eine bestimmte Anzahl von großen Raketen zu bauen.

Durch den Atomsperrvertrag soll verhindert werden, dass Atomwaffen von den Atommächten (USA, UdSSR, Frankreich und China) an andere Staaten weitergegeben werden. Der Vertrag trat 1970 in Kraft. Mehr als 100 Länder haben ihn unterzeichnet.

Um den Frieden in Europa zu sichern unterzeichneten im August 1975 35 europäische und nordamerikanische Staaten den Pakt für Sicherheit und Zusammenarbeit in Europa (KSZE). Danach sollen alle Staaten u.a. die Menschenrechte achten und Streitfälle nur mit friedlichen Mitteln beilegen.

## zu Seite 45

**Bürgerkrieg in China**
Während des 2. Weltkrieges hatten die Japaner große Teile Chinas besetzt. Als mit der Kapitulation Japans am 2. 9. 1945 die feindliche Besetzung Chinas zu Ende ging, kämpften in China zwei Gruppen um die Herrschaft im Staate. Auf der einen Seite stand die Partei der Kuo MinTang (KMT) unter Führung des Marschalls Tschiang-Kai-schek, auf der anderen Seite standen die Kommunisten unter Führung Mao-Tse-tungs. Nach jahrelangen Kämpfen eroberten die Kommunisten ganz China. Tschiang-Kai-schek flüchtete mit seinen Truppen auf die Insel Taiwan (Formosa), wo er unter dem Schutz der USA den Staat „Nationalchina" gründete. Die Kommunisten riefen am 1. 10. 1949 in der chinesischen Hauptstadt Peking die „Volksrepublik China" aus. Ministerpräsident wurde Tschu-En-lai. Der mächtigste Mann in dem riesigen Reich aber war der Parteivorsitzende Mao-Tse-tung.

## zu Seite 57

Völlige Freiheit der Wirtschaft. - Der Staat greift nicht ein. - Im freien Wettbewerb regelt sich die Wirtschaft selbst. - Gefahr der Benachteiligung des wirtschaftlich Schwachen.

(zu wenig Staat)

Der freie Wettbewerb bleibt erhalten. - Der Staat greift helfend ein, wenn es im Interesse der Allgemeinheit ist und zum Schutz des wirtschaftlich Schwachen.

(so viel Staat wie nötig)

Kein freies Unternehmertum. - Der Staat bestimmt, was, wann, wie viel hergestellt wird. Der Staat setzt auch die Löhne und die Preise fest.

(zu viel Staat)

## zu Seite 59

Die BR Deutschland und die DDR entwickeln normale, gutnachbarliche Beziehungen zueinander. Sie werden ihre Streitfragen ausschließlich mit friedlichen Mitteln lösen. Sie bekräftigen die Unverletzlichkeit der bestehenden Grenzen. Sie erklären ihre Bereitschaft auf dem Gebiet der Wirtschaft, der Wissenschaft, des Verkehrs, des Postwesens, des Sports, der Kultur und des Umweltschutzes zusammenzuarbeiten.

Die Regierung der UdSSR erklärt, dass der Verkehr von Personen und Gütern zwischen Westberlin und der BR Deutschland ohne Behinderung sein und erleichert werden wird.
Die Regierungen Frankreichs, Großbritanniens und der USA erklären, dass Westberlin kein Bestandteil der BR Deutschland ist und auch nicht von ihr regiert wird.

## zu Seite 58

Die BR Deutschland und die UdSSR betrachten es als wichtigstes Ziel ihrer Politik den internationalen Frieden aufrechtzuerhalten und die Entspannung zu erreichen.
Sie werden sich der Drohung mit Gewalt oder der Anwendung von Gewalt enthalten.
Sie erklären, dass sie keine Gebietsansprüche gegen irgendjemand haben und auch in Zukunft nicht erheben werden.

Die BR Deutschland und die Volksrepublik Polen stellen fest, dass die bestehende Grenzlinie, von der Ostsee die Oder und die Neiße entlang, die westliche Staatsgrenze Polens bildet. Sie werden alle ihre Streitfragen ausschließlich mit friedlichen Mitteln lösen.
Sie stimmen darin überein, dass die Zusammenarbeit auf wirtschaftlichem, wissenschaftlichem und kulturellem Gebiet in beiderseitigem Interesse liegt.

# Ausschneideblatt 6

**zu Seite 60**

| Jeder hat das Recht auf Leben, körperliche Unversehrtheit und persönliche Freiheit. Niemand - auch kein Geisteskranker - darf getötet werden. Niemand - auch kein Verbrecher - darf misshandelt werden. | Jeder hat das Recht seine Meinung frei zu äußern. Niemand darf bestraft werden, wenn er z.B. Kritik an der Regierung übt. | Vor dem Gesetz sind alle Menschen gleich. Niemand darf wegen seines Geschlechts oder seiner Abstammung benachteiligt werden. | Die Freiheit des Glaubens und des Gewissens ist unverletzlich. Niemand darf gezwungen werden gegen sein Gewissen zu handeln. | Jeder hat das Recht den Beruf oder die Ausbildungsstätte frei zu wählen. Niemand darf zu einer bestimmten Arbeit gezwungen werden. |

**zu Seite 61**

| Jeder mündige Bürger (18 J.) darf wählen und nicht nur bestimmte Bevölkerungsschichten. | Jeder wählt direkt den Kandidaten, den er will und nicht erst Wahlmänner, die dann erst die Kandidaten wählen. | Jeder kann frei entscheiden, ob er wählen will oder nicht. | Jeder Bürger hat die gleiche Stimmenzahl. Früher bekam der, der mehr Steuern zahlte, auch mehr Stimmen. | Jeder kann ohne Furcht wählen; denn niemand erfährt, was er wählt. |

**zu Seite 62**

**zu Seite 63**

| Hauptaufgabe ist es über Maßnahmen zum Wohl der Gemeinde zu beraten und darüber zu beschließen, ob z.B. Krankenhäuser, Schulen, Sportplätze gebaut werden sollen.<br>Vor der Abstimmung im Rat wird in kleinen Gruppen, den Fachausschüssen, ausführlich diskutiert und beraten. Der Rat kontrolliert auch die Verwaltung. | Sie führt aus, was die Gemeindevertretung beschließt. Soll z.B. eine Schule gebaut werden, verhandelt sie mit Grundstücksbesitzern und Baufirmen und bereitet alles für den Bau vor.<br>In den vielen Ämtern und Behörden der Gemeinden arbeiten Fachleute. Sie beraten die Abgeordneten des Rates und informieren sie über notwendige Maßnahmen. |

**Ausschneideblatt 7**

## zu Seite 67

Mit der zweiten Stimme wird eine Partei gewählt. Sie steht auf der rechten Seite des Stimmzettels. Der Wähler darf sich nur eine Partei aussuchen und ankreuzen. Mit der Zweitstimme entscheidet der Wähler darüber, wie viele Sitze jeder Partei zustehen. Alle Stimmen, die eine Partei bekommen hat, werden zusammengezählt. Wer die meisten Stimmen hat, bekommt auch die meisten Sitze. Eine Partei, die weniger als 5% der Stimmen erhält, kommt nicht ins Parlament.

Mit der ersten Stimme wählt er den Kandidaten einer Partei. Sein Name und seine Parteizugehörigkeit stehen auf der linken Seite des Stimmzettels. Der Wähler darf sich nur einen Kandidaten aussuchen. Er darf also nur hinter einem Namen ein Kreuz machen.

## zu Seite 75

**Die Rechte des Angeklagten**
Der Angeklagte muss vor Gericht nicht aussagen. Er braucht sich nicht selbst zu belasten. Er ist in der Hauptversammlung der einzige, der ungestraft lügen darf.

**Die Pflicht des Zeugen**
Ein ordnungsgemäß geladener Zeuge muss bei der Hauptverhandlung erscheinen. Normalerweise muss der Zeuge aussagen. Er kann aber die Aussage verweigern, wenn die Aussage ihn oder einen Angehörigen in Gefahr bringen würde selbst wegen einer Straftat verfolgt zu werden.

**„In dubio pro reo"**
Bleiben für das Gericht letzte Zweifel bestehen, ob der Angeklagte wirklich schuldig ist, so darf es ihn nicht verurteilen („Im Zweifel für den Angeklagten" = „In dubio pro reo").

## zu Seite 76

Berufsrichter sind Personen, die eine vom Gesetz festgelegte Ausbildung erhalten haben: Studium der Rechtswissenschaften, abgeschlossen durch die 1. Staatsprüfung. Danach Praktikum bei Gerichten, einem Rechtsanwalt und Behörden, dann 2. Staatsprüfung.

Die Schöffen üben während der Verhandlung das Richteramt in vollem Umfang aus wie die Berufsrichter. Sie entscheiden auch mit gleichem Stimmrecht über die Schuld des Angeklagten.

Ist der Bürger mit den Entscheidungen der Gerichte nicht einverstanden, legt er Berufung ein mit dem Zweck einer Nachprüfung des Urteils. Hat das Gericht nach dem Gesetz Fehler gemacht, kann man eine Revision verlangen (ebenfalls Überprüfung des Urteils).

Neben den Berufsrichtern urteilen bei einigen Gerichten ehrenamtliche Richter. Man nennt sie Schöffen oder Geschworene. Sie sind normale Bürger. Die Gemeinden stellen eine Vorschlagsliste mit den infrage kommenden Personen auf. Daraus wählt ein Wahlausschuss mehrere Bürger aus, die durch Los auf eine Schöffenliste kommen.

**zu Seite 83**

# Ausschneideblatt 8

Im Mai 1989 begannen ungarische Soldaten damit die Grenzbefestigungen zwischen Ungarn und Österreich abzubauen. DDR-Bürger, die in Ungarn Urlaub machten, flohen zu Hunderten nach Österreich und weiter in die BR Deutschland. Diese Flucht der Ungarn-Urlauber war der Beginn einer Massenflucht aus der DDR.

Nach den demokratischen Reformen in einigen Staaten Osteuropas hofften die Menschen in der DDR auch auf demokratische Veränderungen. Die DDR-Führung aber lehnte jede Reform ab. Am 7. Oktober organisierte sie eine große Veranstaltung um das 40-jährige Bestehen des SED-Staates zu feiern. Etwa 10 000 Menschen demonstrierten gegen die „Jubelfeier". Sie wurden von Volkspolizei und Staatssicherheitsdienst mit Elektroschlagstöcken auseinander getrieben. Hunderte wurden verhaftet.

Die aus freien Wahlen hervorgegangene Regierung unter Lothar de Maizière nahm Verhandlungen mit der Bundesregierung auf um die Vereinigung der beiden deutschen Staaten vorzubereiten.
Das erste Resultat dieser Verhandlungen war der „Staatsvertrag" (Währungs-, Wirtschafts- und Sozialunion).
Er trat am 1. Juli 1990 in Kraft.

Die USA, Großbritannien, Frankreich und die UdSSR hatten als Siegermächte des 2.Weltkrieges noch besondere Rechte in Deutschland. Darum verhandelten die beiden deutschen Staaten mit den vier Siegermächten („2+4" Verhandlungen) über die Einheit. Weil die UdSSR als einziger Staat mit ihrer Zustimmung noch zögerte, reiste Bundeskanzler Kohl im Juli 1990 in die Sowjetunion. Er erreichte, dass Präsident Gorbatschow der deutschen Einheit zustimmte.

Im August 1990 beschloss die Volkskammer den Beitritt der DDR zur Bundesrepublik Deutschland nach Artikel 23 des Grundgesetzes. Als Tag für diesen Beitritt wurde der 3. Oktober 1990 bestimmt. Von diesem Tag an gibt es nur noch einen deutschen Staat, die Bundesrepublik Deutschland. Der 3. Oktober (der „Tag der deutschen Einheit") wurde zum Nationalfeiertag erklärt.

Am 4. November 1989 demonstrierten in Berlin eine Million Menschen, in Leipzig, Dresden und in anderen Städten weitere Zehntausende für Reformen.
Unter dem Druck dieser Demonstrationen trat am 8. November 1989 die Führung der SED zurück.
Am 9. November 1989 öffnete die DDR alle Westgrenzen und erlaubte die freie Ausreise nach Westberlin und ins Bundesgebiet.

Nach dem Sturz der SED-Regierung übernahmen Vertreter der bisherigen SED (die sich jetzt „Partei des demokratischen Sozialismus - PDS - nannte), der Blockparteien und der neuen politischen Gruppen die Regierungsgewalt. In der Volkskammer wurden die vom Volk verlangten Reformgesetze wie z.B. Pressefreiheit, Reisefreiheit und ein neues Wahlgesetz verabschiedet. Am 18. März 1990 fand daraufhin die erste freie Wahl in der DDR statt.

**Verhandlungen in der Sowjetunion**
Bundeskanzler Helmut Kohl erreichte bei seinem Besuch in der Sowjetunion im Juni 1990 mit Präsident Gorbatschow folgende Übereinkünfte:

- Deutschland erhält nach seiner Einigung volle Souveränität;
- die Rechte der vier Siegermächte über Deutschland werden beendet;
- Deutschland hat das Recht frei über seine Bündniszugehörigkeit zu entscheiden;
- die deutsche Ostgrenze an der Oder-Neiße-Linie wird anerkannt;
- Deutschland wird sich verpflichten seine Streitkräfte innerhalb von drei bis vier Jahren auf 370 000 Mann zu verringern;
- Deutschland verzichtet weiterhin auf Massenvernichtungsmittel;
- die Sowjetunion wird ihre Truppen aus Deutschland innerhalb von drei bis vier Jahren abziehen.

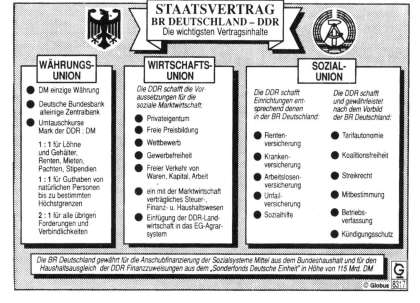